创新流程架构

产品创新战略

Product Innovation and Technology Strategy

[加]罗伯特·库珀
[加]斯科特·埃迪特 ◎ 著
陈 劲 于 飞 ◎ 译

企业管理出版社
ENTERPRISE MANAGEMENT PUBLISHING HOUSE

图书在版编目（CIP）数据

创新流程架构：产品创新战略/（加）罗伯特·库珀，（加）斯科特·埃迪特著；陈劲，于飞译. —北京：企业管理出版社，2017.11

书名原文：Product Innovation and Technology Strategy

ISBN 978-7-5164-1609-9

Ⅰ.①创… Ⅱ.①罗… ②斯… ③陈… ④于… Ⅲ.①企业管理－产品管理 Ⅳ.①F273.2

中国版本图书馆 CIP 数据核字 (2017) 第 268468 号

Product Innovation and Technology Strategy©2009 Robert G. Cooper and Scott J. Edgett. All rights reserved Published by Stage-Gate International/Product Development Institute (*www.stage-gate.com*) Simplified Chinese rights arranged through CA-LINK International LLC (*www.ca-link.com*)

北京市版权局著作权合同登记号：01-2016-9752

书　　名：	创新流程架构：产品创新战略
作　　者：	（加）罗伯特·库珀　（加）斯科特·埃迪特
译　　者：	陈劲　于飞
责任编辑：	蒋舒娟
书　　号：	ISBN 978-7-5164-1609-9
出版发行：	企业管理出版社
地　　址：	北京市海淀区紫竹院南路17号　　邮编：100048
网　　址：	http://www.emph.cn
电　　话：	编辑部（010）68701661　发行部（010）68701816
电子信箱：	26814134 @qq.com
印　　刷：	三河市书文印刷有限公司
经　　销：	新华书店
规　　格：	170毫米×240毫米　16开本　16.25印张　160千字
版　　次：	2017年11月第1版　2017年11月第1次印刷
定　　价：	59.00元

版权所有　翻印必究·印装有误　负责调换

译者序

创新已经成为现今所有行业的口号，而创新战略的研究也受到越来越多管理学专家和学者的重视。然而，什么是创新战略？它包括哪些内容？它有什么作用？大多数的管理人员还是一头雾水，或者怀疑是否值得投入相应的人力和物力。

罗伯特·库珀和斯科特·埃迪特在本套丛书中和我们分享了创新战略的一系列关键作用，包括将创新工作与企业的整体经营相连接，明确战略领域和创意的搜集工作，以及帮助企业获得制胜的新产品。只有当管理人员们充分意识到了战略在创新中的关键作用，才会愿意花时间制订具体的目标和战略。俗话说"磨刀不误砍柴工"，在经济发展愈发迅速、商品更替更为快速的现代商业社会，企业也愈发着眼于成果和可预见的盈利，却常常忽略了带来成果和盈利的"蓝图"。

不仅如此，本套丛书也给出了制订"蓝图"的具体步骤，告诉一头雾水的管理者们如何进行战略分析。我认为，其中很值得管理者借鉴的也是非常关键的一点是认清自身的核心竞争力并加以利用。创新的洪流有时会让企业迷失方向，去盲目跟随市场中的"香饽饽"，却没有充分判断这个"香饽饽"是否和企业的核心竞争力相符。所谓"知己知彼，百战不殆"，若企业无法认清自身的优势和短处，就无法利用自身的优势和资源取得产品和竞争的优势，长期而言，企业便很难在竞争激烈的商场中脱颖而出，更不用说取得长久的成功了。

本套丛书的另一个特色是它包含了涉及多个行业的实际案例，清楚阐述了管理者们所需掌握的要点和步骤。这些具体的案例帮助管理者们思考，为什么宝洁公司的创意钻石模型能够推动它持续获得成功，为什么芭比娃娃和乐高选择了截然不同的道路，哪些企业在面临严重的威胁时将其变成了巨大的商机，又有哪些企业缺乏外围视觉，从而对即将到来的挑战坐以待毙。这些活生生的例子不断敲打着每一个希望获得成功的管理者：不要舒适地待在已经搭好的安乐窝里，商业创新"逆水行舟，不进则退"。

作为一名创新管理学者，我强烈推荐各行各业的管理者们阅读本套丛书的内容。我相信，其中关于创新战略的研究和实际的案例可以激发管理者们的深度思考，并为经营中的企业带来新的创意和灵感。

陈劲

清华大学技术创新研究中心主任

目录 *Contents*

第一章 企业需要产品创新战略   1
  有史以来最好的战略   2
  赢得一场战斗，但失去整个战争   4
  什么是产品创新战略   12
  为什么要有产品创新战略   15
  支持战略的证据   17
  产品创新战略的要素及其影响   24
  总结   29

第二章 目的和目标   31
  设置企业的目的和目标   32
  测量和指标   37
  定义新产品   42
  设置产品创新目标   48
  如何设定企业的产品创新目标   57
  总结   63

第三章 稳健的战略分析——选好着眼点的关键   65
  聚焦适合的战略领域   66
  选择领域的三个步骤   68
  战略分析——市场、技术和行业   70

做一个"头朝上"的公司	82
利用企业的核心竞争力	93
总结：战略评估	96

第四章 战略领域——正确的方法 97

寻找战略领域	98
选择领域	105
选择正确的领域	108
战略图：规划战略领域	114
总结：挑选目标领域	119

第五章 制订取胜的进攻计划 121

制订进攻战略	122
基于创新的战略类型	122
基于竞争维度的战略	131
全球战略与地区战略	135
同一屋檐下的多种战略	142
Chempro 的进攻战略	144
决定企业的入市战略	144
开放式创新在企业战略中的作用	150
总结：获胜的进攻计划	157

第六章 资源投入、部署和战略桶　　　　　　　　159

　　优化企业的新产品投资　　　　　　　　　　　160

　　多少投入是够的——确定企业的产品创新
　　工作的投资　　　　　　　　　　　　　　　　167

　　部署企业的开发资源：战略组合管理　　　　　175

　　使用战略桶推动项目的正确组合和均衡　　　　182

　　总结：战略桶　　　　　　　　　　　　　　　　194

第七章 企业的战略路线图　　　　　　　　　　　195

　　什么是路线图　　　　　　　　　　　　　　　　196

　　路线图的类型　　　　　　　　　　　　　　　　200

　　制订企业的战略产品路线图　　　　　　　　　208

　　初步选择主要的计划　　　　　　　　　　　　218

　　制订企业的技术路线图　　　　　　　　　　　229

　　将企业的产品创新战略投入实践　　　　　　　232

　　总结：战略路线图　　　　　　　　　　　　　　234

第八章 治理——使企业的产品创新战略奏效　　237

　　治理和企业　　　　　　　　　　　　　　　　238

　　企业的治理方法需要改进吗　　　　　　　　　239

　　影响采纳的障碍　　　　　　　　　　　　　　242

　　谁应该参与产品创新治理　　　　　　　　　　243

　　治理什么，为什么要治理，治理谁　　　　　　247

　　总结　　　　　　　　　　　　　　　　　　　251

第一章
企业需要产品创新战略

A Product Innovation Strategy for Your Business

我认为这个世界上最重要的不是我们身在何处,
而是我们去往何方:为了到达胜利的彼岸,
我们必须时而顺风航行,时而逆风,
无论怎样,我们必须前行,不随波逐流,不停泊在原点。

——老奥利弗·温德尔·霍姆斯
《早餐桌上的独裁者》,1858 年

有史以来最好的战略

MP3播放器已成为有史以来销量增长最快的新的消费产品。iPod的销量增长速度也令人吃惊，自从苹果公司将其推出以来，仅仅四年半的时间，iPod的全球销售量就达到了5000万部。相比之下，索尼耗时十年才卖出5000万台的随身听。苹果公司也推动了MP3的市场销售，2006年底其累计销售额达到2亿美元，其中苹果公司占据了四分之一（在美国的市场份额达到70%）。相较之下，无线电话用时12年销售5000万部，而数码相机和手机的初始销量增长缓慢。2008年的第四季度，iPod销售了2200万部，占苹果公司收入的42%。增长还在持续。

那么，苹果公司是如何取得这个惊人的成功的呢？出乎大众的意料，苹果公司不是这个行业的创新者——它没有发明便携式MP3播放器。事实上，当iPod于2001年11月推出时，美国已有50多家公司销售便携式MP3播放器，其中有些是依靠互联网推销产品的亚洲公司。

苹果公司大获成功而别的公司失败的关键是苹果具备了成熟的创新战略和高效的执行能力。广义而言，苹果看到了MP3播放器市场需求的增长，并解决了现有MP3播放器存在的主要问题。这些问题包括：体积大小、存储容量、用户界面和可合法下载音乐的短缺。在解决这些问题时，苹果完美地利用了它独特的优势，整合并推出了"硬件、软件和内容的合成，进而使购买、存储和播放音乐几乎毫不费力。苹果公司凭借着它在硬件和软件方面的专业知识，在没有进入音乐行业的情况下就取得了成功"。苹果还明智地将iPod的忠诚客户群定位为热衷于媒体和技术的年轻人（即苹果原来的目标市场），使其产品成为引领潮流的标志。苹果使用其有效的分销渠道系统，保持其一贯的高品质形象，同时避免了价格折扣。

自1979年推出随身听以来，索尼已经主导了便携式音乐市场，它也曾拥有众多优势和竞争力，包括产品尺寸、品牌名称和形象，分销和市场覆盖率，技术和制造能力，却坐失良机。索尼没有从失败的Betamax战略中吸取经验教训，没有选择进入增长迅速的新兴MP3播放器市场，而是拒绝了这个机会。不仅如此，索尼还试图保卫其日益衰落的数字迷你光盘播放器，试图将它作为取代衰落的CD播放器Discman的下一代设备。结果不言而喻，其产品很快成为历史。

苹果的iPod "模仿策略"是成功的，大大增加了公司的财富。从2001年到2006年，它的年收入增加了两倍，扭亏为盈，从亏损2000万美元转变成盈利20亿美元……这是一个创新战略成功的案例，实施得完美无瑕（索尼懊恼的是，糟糕的战略注定是要失败的）。成功的战略又一次主宰了市场！

赢得一场战斗，但失去整个战争

与苹果公司不同的是大多数公司都缺乏有效的创新战略。如果询问任何一家公司的高级主管，"贵公司的创新战略是什么？"你很可能会得到这样的答案。

1. 茫然地盯着你或一脸困惑的表情，好像在说"这家伙在说什么呢？"
2. 公司的业务计划大纲，但实际上是财务计划，而没有说明产品创新的方向。
3. 当年主要产品的开发计划列表。

以上这三个反应都体现了这些高级主管不了解创新战略是什么或创新战略的用途。创新战略不是财务计划，也不是商业战略（尽管商业战略和创新战略密切相关，而且在一些企业中，商业战略囊括了创新战略）。正在推进的开发项目列表也不是创新战略，这些只是战术，而且只能满足短期需要。开发项目列表通常是战略的表现，而不是战略本身。因此，如果你也会做出上述的或类似的回应时，那么请继续阅读本书。

战术和战略：要是……会怎样呢

- 要是您的企业采用了世界级的创意发布系统，即指导开发项目从创意到上市的过程，又会怎么样呢？
- 要是您有卓越的组合管理系统帮助您选择项目，也就是帮助高级主管做出明智的新产品开发投资决策，又会怎么样呢？
- 要是您在您的公司里创造了非常积极的创新文化，并且高级主管也强烈支持创新，又会怎么样呢？

结果一定会带来高绩效的企业和新产品吗？不一定。因为它缺少成功的产品创新所需要的最重要的驱动力：创新战略。创新战略是创新菱形模型的四个要点之一（见图1.1）。创新战略在获得单个新产品成功到赢得整个产品创新战争的过程中发挥了关键作用。

公司的产品创新战略为整个新产品工作制订了方案。产品创新战略作为总体规划，指明了企业新产品开发的发展方向，也是产品开发与总体经营战略之间的重要环节。

创新菱形

我们对高绩效企业的基准研究表明，绩效有四个主要驱动因素。我们称之为创新菱形。绩效最好的企业的共同特征是有四个最佳操作的要点，即创新菱形的四个要点。

1. 产品创新和技术战略：受到领导团队和行业战略视角的驱动，绩效好的企业都有产品创新和技术战略。产品创新战略为企业提供着眼点，指明企业产品开发的方向，指导资源分配、投资决策和项目选择。简而言之，这些公司有战略焦点。

2. 资源投入和项目组合管理：绩效好的企业能为其产品创新和个人创意提供足够的资源。此外，它们拥有有效的组合管理系统，帮助领导团队将这些资源分配到合适的领域和开发项目中。

3. 创意发布系统：门径管理(Stage-Gate)。绩效好的企业采用门径管理系统，推动新产品项目从创意阶段进入发布阶段。这个创意发布系统强调为创新漏斗提供更多的创意、坚实的前端作业项目（包括客户需求的信息）、严格的过关／淘汰决策，以及从始至终的高效的执行力。同时，绩效好的企业采用的系统是敏捷的、灵活的、扩展性好的、适应性强的。

图1.1：创新菱形显示了产品创新绩效的四个驱动因素，这是绩效最好公司的共同特征。

4. 气氛、文化、团队和领导：高绩效企业的高管为创新和创业创建了积极的气氛和文化氛围，建立了有效的跨职能的新产品项目团队，并且他们自己也适当地参与到产品开发决策过程中。他们为创新提供了适合的环境。

正如我们研究中指出的，这些关键点在产品创新方面将绩效好的公司与其他公司区别开来。宝洁(Procter & Gamble)是正在运用创新菱形的公司之一。下面我们以宝洁公司的成功案例为例，看看创新菱形中的要点对公司业绩的影响。

宝洁化妆品的商业案例

宝洁的化妆品业务是一个很好的例子。它的新产品管理采用了有序的、全面的战略性方法，从而实现惊人的逆转。此案例与宝洁收购玉兰油(Oil of Olay)有关。玉兰油原本是Richardson-Vicks（化妆品公司）的护肤霜品牌。1985年，宝洁收购了玉兰油。1989年，宝洁收购了Cover Girl和Clarion两个化妆品品牌。两年后，Max Factor也被宝洁收购了。

之后，宝洁公司采用传统的方式，即运用规模效应和由几个大的新产品组成的新产品战略。当时宝洁公司没有有效的创新战略，所以公司试图尽力发展多种不同的产品，力量也随之分散，即失去了焦点。1994年，管理层被迫重组。宝洁放弃了Clarion系列，并且在20世纪90年代，宝洁的高管层思索他们是否应该留在化妆品行业。他们尝试在玉兰油品牌下开发一个新化妆品系列，但新系列失败了，整个化妆品生意持续衰退。

公司的逆转是从20世纪90年代末开始的，当时的管理层采用了创新菱形模型（见图1.2）。宝洁的创新菱形模型的第一个要素是产品创新战略。实际上，当领导团队开始采用严格的战略规划过程，形成明确的目的及细分的目标、战略和措施时，真正的改变发生了。他们采用了一个更聚焦的创新策略，即侧重于嘴唇、脸和眼睛，而不是身体的其他部分。战略的第二个方面是通过端对端的供应链管理控制供应环节。供应链得以精简，生产和运输与市场需求紧密相连。因此，供应环节所需时间减少，从而大大消除了以往每次新产品上市时所产生的旧产品被淘汰的情况。

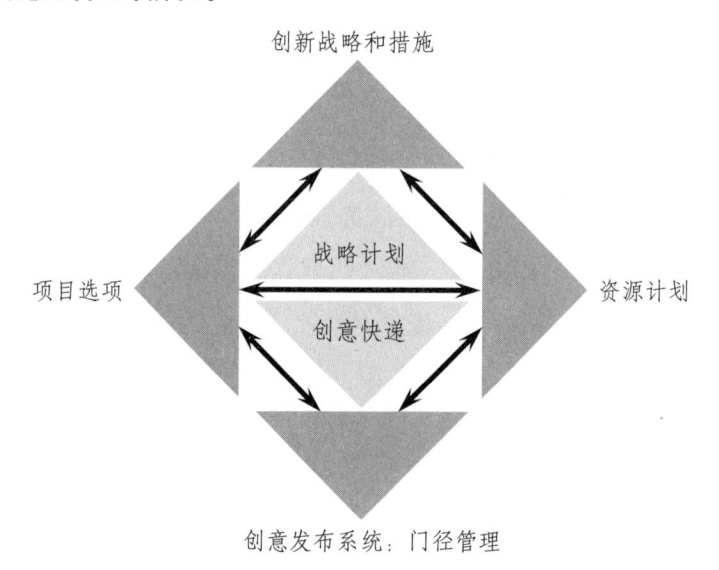

图1.2：宝洁公司的创新菱形模型成为每个企业新产品开发的指南。

接下来，管理层采用了宝洁公司创新菱形模型的第二个要素：

SIMPL新产品门径管理。SIMPL是推动新产品从创意阶段到发布阶段的方法，融合了宝洁的许多最佳的实践经验。这是严格的产品发布系统，采用门径管理决策方法，并且具有清晰的过关／淘汰标准和计时要求。一个巨大的成功品牌就是封面女郎(Cover Girl)的Outlast（一款接吻时不会掉色的、持久的唇膏。它具有独特的两大特色，首先是颜色，然后是光泽，这样可以产生持久的唇色）。第二个成功品牌是由蜜丝佛陀(Max Factor)创造的Lipfinity。它同样使用SIMPL创意发布系统。玉兰油系列的成功也源于创新战略的采用，这次专注于皮肤老化所产生的面部皱纹问题。玉兰油的新生系列取得了巨大的成功，这个过气品牌的销售额也从1985年的2亿美元增长到今天的20亿美元。

组合管理是宝洁创新菱形模型的第三个要素。它使管理层能够看到整个新产品计划的组合，以达到好的均衡和结合。通过产品组合管理，公司为新产品和改进产品建立了通道，确立每个产品线（面部、嘴唇、眼睛）都有一致的创新步调——这使得新产品和升级产品能定时地给市场带来新鲜感和刺激。这种"推新并维持"的组合方法是宝洁赢得市场的关键因素。

现在，宝洁的化妆品公司是一个健康持续成长的盈利性的企业。自20世纪90年代末以来，企业绩效显著提升，化妆品业务也被视为宝洁的主要增长引擎。但是这种逆转并不是偶然发生的。成功的关键之一是获得好的新产品。这需要建立一个完整的业务和产品创新战略，加上有效的创意发布系统和一流的产品组合管理，确保宝洁源源不断地推出新产品和改进产品。

您的公司缺少创新菱形的驱动力吗

您的公司如何运用创新菱形中的驱动力呢？许多公司已经实施了创意发布系统（据预估，美国的73%的产品开发商采用了门径管理系统），而且我们的研究结果显示，大部分公司知道需要培养利于创新的气氛和文化。同样的，尽管我们的研究显示很多公司尚未明白如何正确地进行产品组合管理，但是产品组合管理，即做出正确的项目投资决策，是引领产品开发公司的热门话题。因此，最薄弱的环节依然是缺乏产品创新和技术战略，如图1.1所示。

图1.3显示了我们研究的企业中采用产品创新战略的各个关键要素的情况：

• 仅有超过三分之一的企业明确定义并阐明了企业的新产品目标——这意味着几乎三分之二的企业没有明确的新产品目标。

• 不到一半的企业明确了新产品在实现其整体业务目标方面将发挥的作用。宝洁化妆品业务的快速成功正在于其明确了产品创新目标，以及创新在实现业务目标方面所发挥的作用。

• 仅有超过三分之一的企业拥有产品创新的长期战略。大部分公司的战略是短期的，例如一些公司的战略仅指其开发流程中的进展项目。

• 大多数企业明确了它们创新工作的战略重点领域，但许多高管也担心这些重点领域或是选择不当，或是错误选择（例如，索尼在

MP3行业中的选择）。

● 只有四分之一的企业通过做出重要的支出决议将战略转化为现实。例如，很少有公司使用有效的战略桶技术来确保开发计划的适当均衡和组合。大多数公司都没有战略产品路线图（战略产品路线图是在五至七年内为重大发展举措分配资源的方法）。

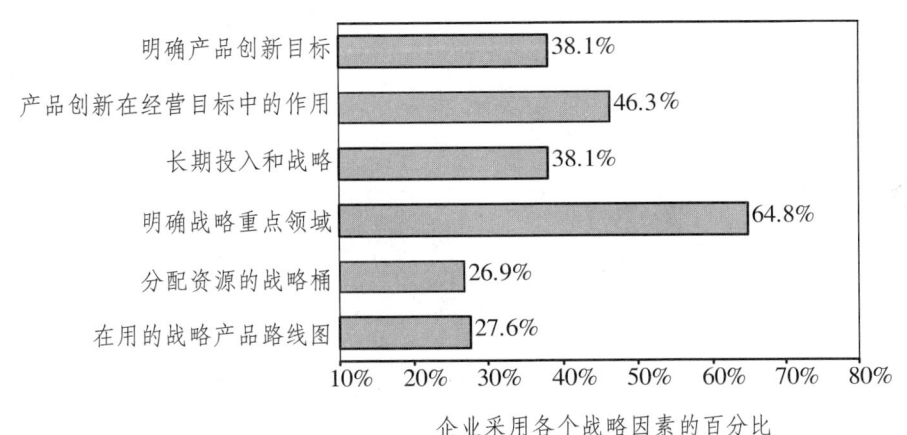

战略因素	百分比
明确产品创新目标	38.1%
产品创新在经营目标中的作用	46.3%
长期投入和战略	38.1%
明确战略重点领域	64.8%
分配资源的战略桶	26.9%
在用的战略产品路线图	27.6%

企业采用各个战略因素的百分比

图1.3：产品创新战略的关键要素(大多数企业中都缺失这些要素)。

下文将从分析"战略"一词的定义开始。然后，我们会分析支持战略的确凿证据，这些证据说明企业的领导团队为什么要制订产品创新战略。我们还会展示一些不同类型的战略如何与业务绩效紧密相关。接下来，我们会解释创新战略的要素或组成部分，并指出产品创新中可使用的不同的战略选择。所以，我们将继续前行，洞察企业的整个新产品工作的战略和方向，打赢这场创新战！

什么是产品创新战略

"战略"的含义

许多人错误地使用"战略"一词,他们不明白这个词的意思,也不知道什么是好的战略。概言之,产品创新战略是一个总体规划,用以指导企业的新产品工作。但如何具体定义或描述产品创新战略呢?

"战略"一词源自希腊语词stratēgos,它由两个词组成:stratos(军队)和ago(在古希腊语中意为"领先")。雅典民主时期,stratēgos意为"军事指挥官"。因此,历史上很多关于战略的著作都是来自军事方面,就不足为奇了。一些经典著作在军事领域仍然为人所熟知、具有很大的影响力,例如,2500年前,中国的孙子写下的《孙子兵法》;1513年,尼科洛·马基雅维里完成了关于政治战略的《君主论》;1832年,出版了的卡尔·冯·克劳塞维茨的《战争论》。

在20世纪的后半期,一些组织,通常是一些商业公司,开始采用战略管理的概念。作为业务经理和管理人员,并不熟悉战略的概念与要素,所以大多数人无疑都遇到了一些挑战。很多商业战略的原则来自几个世纪以来军事战略的发展和实践。例如,下面的战略原则就是出自《美国陆军野战手册》。

- 目标：指挥每一次军事行动朝向一个明确的、关键的和可实现的目标。
- 攻击：夺取、保持和利用主动性。
- 规模：在关键的地点和时间集中战斗力。
- 省力：在次要领域分配最少的战斗力。
- 统一指挥：每一个目标都要确保在统一的指挥下共同努力完成。
- 简洁：制订清楚简单的计划和发出清晰简洁的命令，确保计划和命令得以充分理解。

商业战略家也应该熟悉上述原则，因为战略理论和原则主要来自军事原则。产品创新战略，或称为公司的"进攻战略"，与军事战略有着密切的联系。例如，聚焦和界定战略领域的需要是基于上述的"规模"原则，如何将资源部署到战略区域的"战略桶"概念，还有今天在商业中流行的"路线图"的概念，都深受启发于指挥者如何实现目标，甚至"战略领域"这个术语也与军事有联系。因此，有时候我们使用军事术语，不是因为我们好战，只是因为军事是企业战略概念的起源。

在商业领域，战略被定义为"通过管理（部署）企业的资源和优势，突破和超越竞争对手或利用机遇的方案"。战略变革被定义为"产品市场环境的重组"。战略与产品和市场规范密切相关，也就是说，战略就是选择目标市场和选择针对这个市场的产品。

在本书中，经营战略指的是企业的总体战略。产品创新战略是经营战略的一个组成部分，主要与新产品和新服务有关。提到产品创新战略，我们不是指含糊其辞、如宗旨一样的意向声明。我们指的是可操作的、有具体行动方案的战略，包括明确的目标、战略重点领域、部署决策、进攻方案和入市计划。如果这些原则对指挥官来说足够好，那它们对我们来说也是足够好的。

战略是怎样的

图 1.1 中的创新菱形显示了产品创新绩效的重要驱动力，但并没有列出企业实现创新所需的所有必要条件。而且有时候，将所有条件放在一起也会让人感到困惑。我们经常被问及"组合管理和管道管理有什么区别？"或者"项目管理如何适合这样的情况？"对此，图 1.4 给出了全面的概述，不仅包含各个必要条件，而且对每个条件也给出简要的解释。

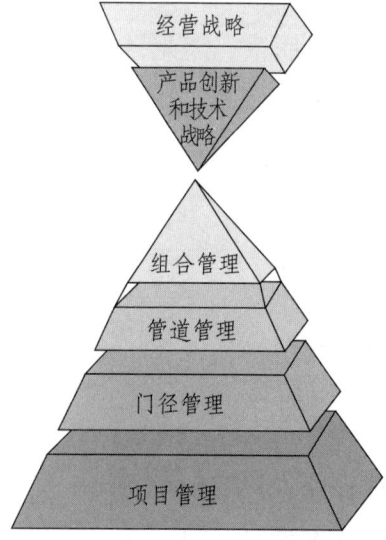

① 经营战略——明确企业整体战略方向

② 产品创新和技术战略——明确企业创新的目标和战略领域

③ 组合管理——实施产品创新和技术战略（如战略桶）

④ 管道管理——划分项目优先顺序，分配资源

⑤ 门径管理——引导并加速创新工作

⑥ 项目管理——管理项目预算和各个重要节点

图 1.4：经营战略（图表顶部）和其他部分。产品创新战略来自企业的经营战略，是经营战略的一部分，转而推动项目组合（项目选择）和开发流程。

企业的经营战略（见图1.4的顶部）决定了其他部分，也明确了组织的总体发展方向。这一战略推动产品创新和技术战略，进而推动组合管理。组合管理通过做出支出决策（如战略桶和战略产品路线图）实施创新战略。管道管理（它是战术性的，不是战略性的）将项目划分优先顺序，对不同项目分配资源。新产品创意发布系统（门径管理系统）引导并加速个别项目的发展，剔除不好的项目，推进发展好项目。项目管理（它是图1.4中最具战术意义的部分）管理各个项目的预算和各个重要阶段的节点。

为什么要有产品创新战略

制订产品创新战略并不是一件容易的事，它需要很多人，特别是高层管理人员的参与。那为什么要花费这么大的精力制订产品创新战略呢？很多公司好像都没有新产品的总体规划。那这些公司又是怎么维持下去的呢？

运作一个没有战略的创新项目就像打一场没有军事战略的战争。因为没有明确的方向，所以结果往往也是不尽如人意。有时候，没有计划的工作会成功，很大程度上是因为运气好或者有较好的执行策略。

如果新产品工作没有战略，那么企业将不可避免地做出一些临时的孤立决策。新产品的研发项目也只能根据各自的特点进行，企业无法通盘考虑其是否符合自身发展方向。如此一来，组合管理就变得几乎不可能。结果往往是，企业把资源投在了不合适的市场、产品和技术上。换言之，企业发展没有焦点，努力也变得漫无目的（例如，宝洁在化妆品行业的第一年）。

目标和角色——整体经营战略的必要环节

产品创新战略为企业的新产品工作提供了怎样的方向呢？首先，产品创新战略的目标将产品开发工作与整体经营战略紧紧相连。通常高管"不干涉"的新产品开发工作成为经营战略的核心部分，也是整体战略平台的关键。

通过明确新产品工作的目标和角色，新产品的开支得到保证。否则，往往在企业经营困难时期，研发或新产品预算会成为被缩减的对象。

在开发和新产品营销上的花费往往被认为是可随意支配的，如果需要，就可能被削减。然而，如果将产品创新作为企业整体战略的核心，明确产品创新的目标和角色，那么削减研发预算就变得不那么随意了。企业就可以持续地投资新产品。

战略领域——指引工作方向

产品创新战略的第二个方面是明确战略领域，它是指导新产品工作的关键。新产品创意发布系统的第一步就是有好的创意。但如何找到新产品的创意呢？除非企业明确了战略领域，否则创意的搜集也是没有方向、没有效率的。

企业的产品创新战略也是项目选择和组合管理的基础。战略会推动整个项目选择的进程。如果没有明确战略领域（或称为战略焦点），那么企业想有效地选择项目就只能全凭运气。

明确战略领域也将引导长期的资源和人员规划。如果某些市场被认为是最优秀的，那么企业会努力获得一些资源、人力、技能和知识，使其能够占领这些市场。同样的，如果某些技术被选为战略领域，那么企业会努力向其配置资源和技术，壮大它在这些领域的能力，甚至联盟其他企业的。资源建设不是一蹴而就的。企业不可能立刻就拥有一支销售团队，也不可能在当地市场招聘到大量优秀的研究人员或具备某种技术的工程师。将合适的人力、资源和技能放在适当的位置，这既需要提前准备，也需要明确的方向指引。

支持战略的证据

产品创新战略应该是符合逻辑的，也应该是有理论依据的。人们可能不禁想到那些没有宏大战略却能取得成功的企业。更甚的是，大多数企业还不知道战略包括什么、不包括什么，边界定在哪儿。

那么，支持产品创新战略的证据是什么呢？关于企业新产品战略的研究给出了清晰并一致的观点：企业的产品创新战略对其持续的成功至关重要，而且某些战略显然比其他战略更有效。请阅读下面的研究结论。

1. 一项针对79家研发机构进行的研究列举了其中十个最佳管理企业。列表中表现优秀的企业使用"正规的开发流程"，即门径管理系统。表现更加优异的企业采用"协调长远商业规划和研发计划"，这表明企业的新产品或研发计划需要与经营计划相结合。尽管这些优秀企业采用的做法各不相同，但研究显示，相比于绩效较差的企业，绩效好的企业更愿意采纳最好的方法。

2. Booz，Allen & Hamilton对于新产品实践的研究发现，最有可能成功开发和推出新产品的企业是那些有经营目标和战略的公司。它们由其经营目标和战略推动，制订公司的具体方案，并以明确的产品创新战略作为核心（见图1.5）。他们认为产品创新战略有助于企业有效地识别市场和抓住产品机遇，并解释了为什么产品创新战略与企业成功息息相关："产品创新战略将新产品流程与公司目标联系起来，为搜集创意和选择筛选标准提供着眼点。战略分析可以明确战略角色，利用战略角色确定新产品的市场，而不是用来找到具体的新产品创意。市场机遇提供了一系列产品和市场的需求，企业可从中得到新的产品创意。此外，战略角色为新产品绩效的衡量标准提供了指引。绩效标准与战略角色相结合，能够提供更精确的筛选新产品创意的方法。"

> 更容易在新产品上成功的企业是：
> - 有企业特有的新产品创新发布系统
> - 有企业目标和战略推动
> - 有明确的新产品战略为其核心

> 我们的基准研究显示：
> - 明确的新产品战略是影响新产品绩效的四个推动力中重要的一个

> 显而易见，企业需要明确的产品创新战略。你的企业明确定义了创新战略吗？

来源1：Booz-Allen & Hamilton
来源2：Cooper, Edgett & Kleinschmidt 的基准研究

图1.5：几项对创新成果的研究表明产品创新战略对企业成功至关重要。

3. 在一项基准研究中，我们发现，制订明确的产品创新战略是影响新产品绩效的四个重要驱动力之一（见图1.1中的创新菱形）。那些在产品创新方面表现最佳的企业都有明确的产品创新战略。这样的战略详细说明了企业目标和新产品的作用。它不仅明确了战略重点（及优先事项），勾勒出产品路线图，也让企业有了更长远的规划。分析图1.6，我们可知：绩效好的企业比绩效差的企业拥有更多的战略要素。因此，绩效好的企业在新产品工作上做得更好，也能更好地达成新产品销售和利润目标。新产品工作能更积极地影响这些企业的经营，并且新产品发布的成功率也更高。

4. 我们深入研究了120家企业的产品创新战略对其业绩的影响。在这项研究中，我们首次对大量企业的各个战略层面进行调研，分析企业的新产品战略如何影响绩效，得出的最重要的结论是：产品创新战略和绩效关系密切。企业所选择的市场类型、产品和技术以及产品创新工作的方向，对于企业的成功和盈利能力影响显著。由此可见，战略真的很重要！

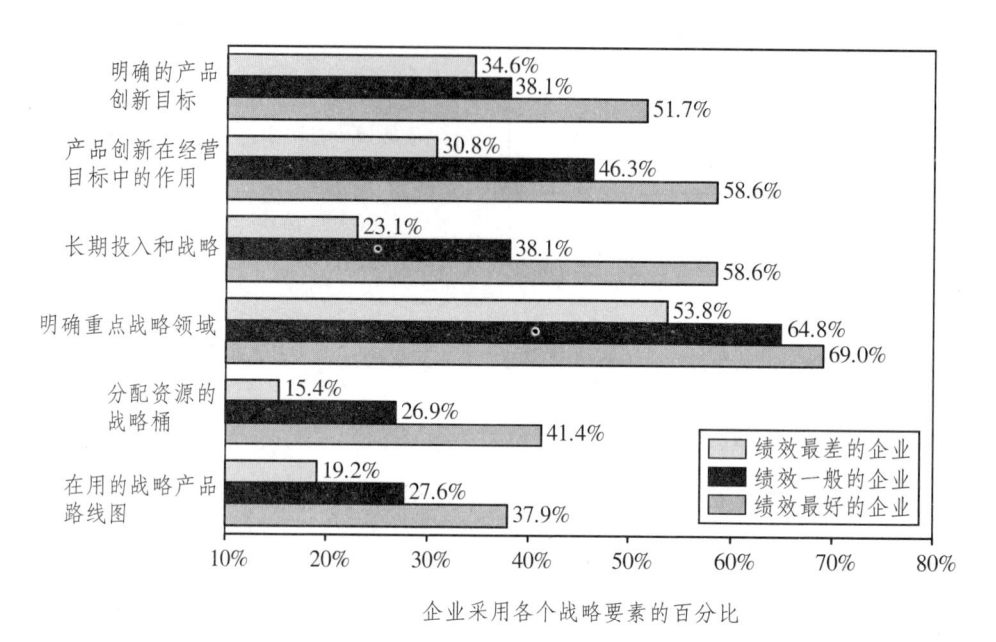

战略要素	绩效最差的企业	绩效一般的企业	绩效最好的企业
明确的产品创新目标	34.6%	38.1%	51.7%
产品创新在经营目标中的作用	30.8%	46.3%	58.6%
长期投入和战略	23.1%	38.1%	58.6%
明确重点战略领域	53.8%	64.8%	69.0%
分配资源的战略桶	15.4%	26.9%	41.4%
在用的战略产品路线图	19.2%	27.6%	37.9%

企业采用各个战略要素的百分比

图1.6：绩效最好的企业所具有的产品创新和技术战略及关键要素。

四个战略重点或主题，作为共同的特征，使一些企业在产品创新工作上比别的企业做得更好（见图1.7）：

- 聚焦在一个或几个关键领域（而不是漫无目的）；
- 具备强有力的技术和技术驱动的战略；
- 聚焦针对性强的市场并有可靠的市场投入；
- 进攻（而不是防御）。

这四个"成功的重点"是言之有理的。少数公司重视这些重点，且获得了成功，这充分说明它们是可行的，而且不是相互排斥的（即企业可以同时采用其中的两个或三个）。基于这项研究所发现的四个重点，我们确立了三种创新战略类型。下文会依次解释这三种创新战略类型（见图1.8—图1.10）。

> 1. 聚焦新产品工作更易成功
> - 聚焦在一个或几个领域开发新产品（市场、部门、应用程序）
> - 开发有密切联系的新产品
> - 不是高度多样化或漫无目的的
> 2. 技术驱动的战略更有效
> - 有卓越的技术能力
> - 采用高超的开发技术
> - 开发技术含量高的新产品
> 3. 市场聚焦策略更有效
> - 积极寻找市场需求
> - 对市场需求、市场投入、市场洞察力高度敏感
> - 开发的产品与市场需求紧密联系
> 4. 进攻胜过防御
> - 有积极主动的新产品开发
> - 将获得增长、扩大市场份额定为目标（不仅仅是保护原有地位）

图1.7：四个战略重点推动更好的产品创新绩效

> 类型A—差异化战略（15.6%的企业）
> - 先进的技术和积极的推动力
> - 高度的产品聚焦
> - 强大的市场导向
> - 针对竞争相对较弱、高增长、高潜力的市场
> - 推出高价、差异性大的产品
> - 高品质产品更好地满足客户需要
> - 产品对客户来说有独有的优势
>
> 带来了最好的结果：
> - 新产品销量有最高的增长率
> - 产品发布时最高的成功率
> - 更高的盈利水平
> - 对企业的销售额和利润产生更大的影响

图1.8：战略类型A在产品创新中有最好的结果，但仅代表15%的企业。

- 类型A：图1.8的差异化战略是推动企业得到最佳绩效的战略。它拥有先进的技术和积极的推动力，具有强大的市场导向和聚焦点。根据这一战略，企业针对高增长、高潜力的市场，可推出高价、差异性大的高品质产品。基于此，企业的新产品销量达到了最高的比例（47%，而其他企业为35%），企业获得了产品发布时最高的成功率和更高的盈利水平，新产品也对企业的销售额和利润产生更大的影响。

> 类型B—低预算保守战略（23.8%的企业）
> - 较低的研发支出
> - 开发差异化不大的新产品
> - 高度聚焦
> - 与企业基础业务高度协调
> - 以熟悉的现有市场为目标
>
> 它们带来相对较好的结果：
> - 产品发布时较高的成功率、低的失败率和淘汰率
> - 为企业带来盈利
> - 新产品的销售比例低，对企业的销售额和利润的影响也小
>
> 保守战略引起有效的、安全的和盈利的新产品工作
> - 对企业的影响较小

图1.9：战略类型B更保守，虽带来好的结果，但影响程度不如类型A。

- 类型B：下一个最佳战略是图1.9中描述的低预算保守战略。它的特点是有相对较低的研发支出和差异化不大的新产品。它采纳的是高度聚焦的方法。新产品与企业的生产、技能和资源相符，适合企业现有的产品线，并以熟悉的现有市场为目标。这一类型的战略取得了可喜的结果。由于支出不大，企业的新产品是盈利的，因为新产品的销售比例低，所以对企业的销售额和利润的影响也小。这种保守

的新产品开发战略是有效的、安全的和盈利的,但是对企业的影响较小。

- 类型C:最流行的战略是技术推动战略(见图1.10),它是被更多企业有意或无意采纳的战略。这些企业具有先进的技术和创新的产品,大力支持研发,积极采用新的开发技术和产品创意。它们的创新工作被视为企业整体战略的前沿,具有强烈的进攻性(区别于防御性)。这种战略所带来的新产品有创意,技术含量高而且复杂,通常也是高风险和冒险投资的结果。因为这些企业都缺乏市场导向,由技术部门主导开发过程,缺乏客户信息,所以往往错误地选择了那些潜力小、增长慢和需求少的市场。不仅如此,这些项目往往"失调",远离公司现有的产品线、内部优势和竞争力。结果不言而喻,这些创新项目花费高、效率低,失败率也高。

类型C—技术推动战略(26.2%的企业)
- 最流行的战略
- 以技术推动产品创新
- 企业专注于先进的技术并有创新意识
- 新产品工作缺乏市场导向和市场投入
- "失调"——不符合市场和产品种类的需要

带来相对欠佳的结果:
- 无法达到企业新产品的目标
- 很多项目被取消或项目失败
- 比上述的类型A和类型B的盈利水平低

技术推动战略积极采用技术,也产生相对较大的影响
- 但是花费高、效率低,失败率也高
- 因为没有聚焦,也缺乏市场导向和市场投入

图1.10:战略类型C是最流行的策略,但带来的结果不如类型A或类型B。

我们确认了两个可能会带来更糟结果的战略，得出的结论是产品创新战略（无论是有意的选择还是无意的选择）与其实现的绩效结果之间存在着强有力的联系。显而易见，企业努力寻找类似于类型A或类型B的创新战略肯定会给其带来更好的结果。我们建议把上述的一些关键要点结合起来，例如，以技术为驱动力的战略与有力的市场聚焦相结合，并集中在几个关键领域，同时采取进攻（而不是防御）的方法等。

还不相信吗？是的，总有一些特立独行但偶尔运气好的企业，不符合我们上述说的，没有制订什么创新战略。但是，如果企业的目标是持续取得长期的好绩效，那么所有的证据都表明：一个明确的、精心制订的创新战略是成功的关键之一。

产品创新战略的要素及其影响

产品创新战略的六个要素将这方面表现优异的企业明显地识别出来（见图1.6）。这些战略要素也为制订产品创新战略提供了指南。它们为逻辑流程或"思维过程"提供基础，可以指导领导团队开发出精辟的产品创新战略（见图1.11）。我们分别介绍六个要素的内容，以及它们为什么如此重要。

1. 明确企业新产品创新的目标

定义
- 企业战略中新产品开发的角色
- 新产品开发的目标

2. 选择战略领域：
- 战略重点领域

产业分析

企业分析

3. 进攻计划：
- 投资战略
- 战略重点
- 入市策略

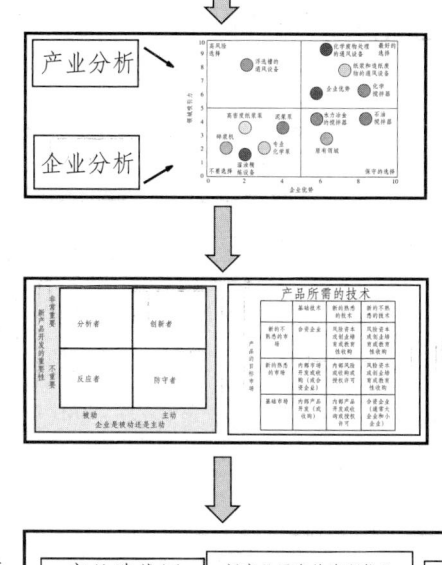

4.&5. 资源投入与战略组合决策：
- 整体新产品开发和研发的投入
- 部署：战略桶
- 战略产品路线图

产品路线图

新产品开发的资源投入
- 企业战略的作用
- 战略、目的和任务方法
- 竞争均势
- 基于进展中项目需求的花费水平

战略桶

6. 战术组合决策：
- 项目选择（过关/淘汰）
- 项目优先级
- 项目资源投入

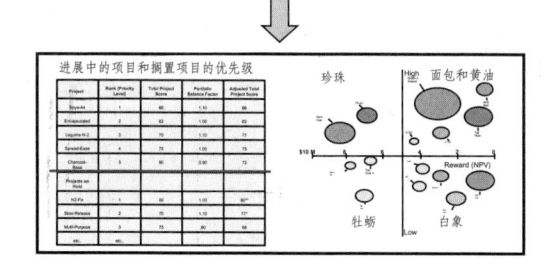

图1.11：制订产品创新战略的第一个主要步骤包括明确战略目的、选择战略领域和制订进攻计划。在决定战略领域和总体进攻计划之后，企业也需要相应制订重要的支出和部署决策。战术（不是战略的一部分）自然地进入到下一环节。

1. 目标和作用：从目标开始！企业的产品创新战略明确了新产品工作的目标，指出了产品创新将如何帮助公司实现其经营目标，也揭示了新产品和产品创新如何融入企业经营的整体计划中。例如，"到2012年，新产品的销售额将占总销售额的30%"，这样的声明就是一个典型的目标。同时，企业也可以列出一些子目标，例如推出新产品的理想数量、预期的成功率以及来自新产品的理想财务收益。

构成战略的基本要素之一是要有明确的目标。但令人惊讶的是，许多企业的新产品工作都缺乏明确的、成文的目标。请注意图1.6中的平均值：只有38.1%的企业明确了产品创新的目标。通过对比可知，大多数绩效优异的企业（所占比例为51.7%）说明了他们的新产品目标，而绩效较差的企业在这方面相当不足，只有34.6%的企业确定了它们的目标。由此可见，明确地列出企业产品创新的目标，是不可忽略的。

另一个关键的方法是明确新产品在实现企业经营目标中的作用，并将其传达给所有人（见图1.6）。它的意义是使参与其中的每个人都有共同的目标和努力的方向。然而，很多时候，从事新产品项目的人员并不了解企业的新产品目标，或新产品在总体经营目标方面的作用。从图1.6中可知，平均只有46.3%的企业明确并传达了产品创新在实现其经营目标中的作用。而绩效优异的企业中，58.6%的企业会明确产品创新的作用，相比之下，绩效较差的企业只有30.8%这么做。创新战略的这一要素与新产品绩效最为相关，这显然是一个好方法。

2. 领域和战略重点：产品创新战略的关键是有重心。产品创新战略明确了企业要向哪里进军，或者更重要的，不会向哪里进军。因此，战略领域的概念是新产品战略的核心。它包括了新产品工作针对的市场、行业部门、应用程序、产品类型和技术（如图1.11的顶部所示）。这类似于军事战略中的规模原则，资源必须集中在关键的时间和地点。关键的战场必须明确！

在这方面，参与调查的企业总体上都做得不错。64.8%的企业确定并规划了战略领域（见图1.6）。绩效好的企业（69.0%）比绩效差的企业（53.8%）在这方面做得更好。总而言之，该战略元素也与企业的绩效密切相关。

战略领域的划分，包括什么是"界限内"、什么是"界限外"，这是阐明企业产品开发工作的方向或战略重点的基础。它能在战略层面确定和评估产品创新的机遇。如果没有明确的战略领域，搜集新产品创意的工作都会变得漫无目标。慢慢地，像机关枪随意扫射一样，新产品项目组合很可能充满大量无关的项目，并分散在不同的市场、技术和产品类型上。新产品工作的成果也不会为企业带来盈利。

案例：杜邦公司的某产品曾面临这一问题。公司在研发上投入了大量资金，但因为企业没有明确战略和领域，所以研发缺少重心。高管层认识到了不足。他们首先确定一些可能是"界限内"的领域（产品、市场、技术领域），并根据市场吸引力和利用企业核心竞争力，对其进行评估。最后他们进行选择，开始将新产品计划集中在这些选定的领域。（第三章和第四章会介绍更多的关于战略领域的定义和选择的内容。）

3. 进攻战略和入市策略：如何进攻每个战略领域也应该是产品创新战略的一部分（见图1.11）。例如，战略可以相当主动，使制订它的企业成为行业中的创新者，利用新产品首先进入市场；也可以使制订它的企业成为"快速跟随者"，等待竞争对手推出新产品时对其进行快速复制和改进。其他产品创新战略还包括低成本战略、差异化战略和小众路线战略。进攻战略也可按地域维度加以区分，即对产品开发采用全球性还是本土化的战略方法。此外，企业计划进入新的战略领域时，必须制订入市策略。入市策略包括内部产品开发、许可、合资、合作、联盟甚至收购其他公司。（第五章详细介绍进攻战略。）

4. 部署——支出投入、项目优先级和战略桶：只有当企业投入了资金，战略才会变成现实！因此，产品创新战略必须包括资源的部署——有多少用于产品创新，并且在每个战略的相对重点领域上花费多少精力（见图1.11）。因此，产品创新战略的一个重要方面是资源的投入和分配。资源的标记桶（即针对不同项目类型所投入的资金或每人每日的工作量）有助于确保产品创新与整体经营目标的一致。

许多一流的公司使用战略桶的概念帮助其做出决策，但平均看来，只有26.9%的企业在这方面做得不错。战略桶的使用仍然有待加强。绩效好的企业中有41.4%采用了战略桶，而绩效较差的企业却只有15.4%的企业选择战略桶。显而易见，战略桶明显是一个好方法。（第五章会详谈如何开发战略桶。）

5. 战略产品路线图——主要措施和平台发展：战略路线图是制订进攻战略中主要措施的好方法。路线图能从管理团队的角度出发，帮助管理者实现理想的目的。

因此，产品创新战略应该规划出进攻措施，即推出主要新产品的计划及时机。这是在某个市场或部门取得成功所必需的，而且应采取战略产品路线图[①]的形式。路线图还要说明新产品所需开发的平台，

[①] "产品路线图"一词在商业中具有很多含义。这里我们指的是一个战略路线图，其中列出了设想的主要措施和平台，而不是战术路线图。战术路线图中列出了每个产品的扩展、修改、调整等。

列明新技术的开发和购买。

通常大多数企业不擅长使用路线图，只有27.6%的企业可熟练开发产品路线图。绩效好的企业使用产品路线图的概率几乎是绩效差的企业的两倍（37.9%比19.2%）。（路线图是第六章的主题。）

一旦上述五个战略步骤完成了，管理层就可以处理下一级的决策：将战略转化为现实，即制订战术决策（见图1.11的底部）。

6. 战术：个别项目选择。战术决策应集中在个别项目上，但应明显遵循战略决策。通常明确的战术问题包括，应该开展什么具体的新产品项目？如何为每个项目分配资源？它们的相对优先级是什么？即使产品路线图已经被勾勒出来，但它往往是理论上的、仅具有指导意义。企业仍然需要考虑每个项目，并决定它是否真的过关。虽然资源投入分配（也称为桶）可有效地指引方向，但仍然需要做出关于具体项目的决定。（本书虽然没有讨论战术项目的选择，但是一个好的战略可长期地帮助决策战术。）

总结

没有战略的经营就像没有计划的战斗。我们基准研究的结果强烈支持这个结论，所以仍然需要更多的研究。显然，如果企业缺乏总体性的新产品目标，或没有明确的战略重点领域，或者战略仅仅是一个短期项目列表（即没有战略产品路线图），这些企业就将处于明显的劣势。

学习那些绩效最好的企业吧！为产品创新工作设立目标（例如新产品的销售百分比），并牢牢锁定经营目标，也让参与工作的每个人都清楚这些目标。

你可以效仿绩效最好的企业，明确提出战略领域。明确战略重点领域包括确定其市场、技术和产品类型，描绘出进攻策略，即打算如何进入各个领域并取得胜利。

更进一步考虑的话，战略还应包括战略桶、决定出这些领域的优先事项和支出分配，以及在其他战略维度上的支出分配。这些将是企业的部署决策。最后，企业要制订战略产品路线图，即列出未来几年主要发展计划的方向。

第二章

目的和目标

Goals and Objectives

设立适当的目标是成功的一半。

——亚伯拉罕·林肯

设置企业的目的和目标

你可能看过一幅卡通画，晚上一群喝醉了酒的船员在雾中划船。卡通画中的一位船员打开手电筒照亮前方，他根本不知道船正驶向何方，却敦促其他船员，"使劲儿划"。这幅卡通画的标题是："看不见目的，我们将付出双倍努力"，而这正是很多公司和领导团队正在做的。目的不明确，所以它们需要通过更多的努力或更快的工作弥补这个缺陷。拼命的努力可能让企业在短期内有一些成果，但通常不会达到理想的长期效果。产品创新目的为总的新产品开发工作指明方向。清晰的目的为组织中的每个人带来使命感，即明确企业正向哪里前进。

在为产品创新工作确立目的时，企业要注意目的可以是宽泛的，它不必事事俱细，但应该给出一个未来的目的或方向。目的必须从企业整体经营战略出发，或与其紧密关联。因此它应由企业的领导团队决定。以下是产品创新目的的表述：

- 利用企业的创新能力，研发出源源不断的突破性新产品，使企业成为行业中产品开发的领导者。
- 被认可为行业的创新者——提供让客户满意的、无与伦比的优质产品。

产品创新的目的和目标

许多人将"目的"和"目标"互换使用,但是两者之间有着重要的区别。

- 目的比较宽泛,目标比较狭隘。
- 目的给出大体方向,目标更细分。
- 目的往往是无形的,目标是明确的。
- 目的是抽象的,目标是具体的。
- 目的不容易被验证,目标可以被确认。

因此,与目的相比,产品创新的目标应当清晰简明,要符合SMART标准,才能达到产品创新工作的目的(见图2.1)。

```
• 企业产品创新的目标
  ——是决策的最终标准
  ——是规划和发展战略的基础
  ——使创新战略的要素之间有了一致性
  ——为实施战略和规划的成员们提供了一种使命感
  ——为测量新产品绩效提供了标准

• 创新目标必须SMART:
  ——具体的
  ——可测量的
  ——行动导向的
  ——切合实际的
  ——有时限的

• 最重要的是,企业产品创新的目标
  ——应该让所有成员都明白(简单地表述并被传达)
```

图2.1:明确细分的目标是企业制订产品创新战略的起点。

SMART是什么意思呢？目标应该是具体的(Specific)，即目标足够详细以便操作；目标应该是可测量的(Measurable)，即目标提供明确的目的，可用来衡量企业绩效；目标应具有行动导向(Action-oriented)，即指出需要完成的任务；目标应该是切合实际的(Realistic)但又具有挑战性，即需要付出努力才能实现；目标应该指明时限(Time-frame)，以便及时完成。以下是产品创新目标的示例：

- 到第三年年底，将新产品的收入从目前的14%增加到30%。
- 将主要新产品的发布数量从每年一次增加到每年三次（在第三年后，新产品的销售额至少达到200万美元）。

案例：目标的可测量性不像人们想象的那么简单。某家消费品公司的业务部门负责人说道："我们希望在未来五年内新产品的市场份额将增加1.5倍。"但是当他被问到"目前的市场份额是多少"时，他不自然地停顿了一下，说："我们不完全确定，产品种类没有明确划分，我们没有当前市场规模的可靠数据。"那么，如果连市场规模都无法确定，如何设定市场份额的目标呢？由此可见，当企业在设置目标时，要确保结果是可以测量的。一个更有效的目标可能是，"通过新产品让销售额增长1.5倍"。销售额是一个内部数字，企业可以很容易地测量出来。

为什么要有细分的目标

设定产品创新的目标不容易。然而，每个战略计划总有一部分称为"目标"。为什么呢？

- 目标是决策的最终标准。许多决策是基于创新战略做出的，而明确的目标是决策的依据。例如，战略会议中的一个简单问题"专注于这个市场有助于实现企业的目标吗？"如果企业没有明确设定的目标，就无法回答此问题。

- 目标是规划和发展战略的基础。制订规划或发展战略的意义在于实现其目标。第一章提及的《美国陆军野战手册》的第一条原则是"目标：指挥每一次军事行动朝向一个明确的、关键的和可实现的目标"，这同样适用于产品创新。
- 目标使创新战略的要素之间有了一致性。创新战略有许多组成部分（以及实施战略所需的几十种策略），而明确的目标就像胶水一样，将这些可能完全不同的部分黏合在一起。
- 目标赋予了实施战略和规划的成员们（包括项目团队、中层管理者和最后把关的工作人员）使命感。
- 最后，目标为测量新产品绩效提供了标准。标准不可忽视，因为它显示了企业现在身在何处和将走向何方。它也可以显示出企业是否偏离了路线，以及何时需要纠正。

大多数企业缺乏明确的目标

大多数商界领袖都同意设定产品创新战略的目标至关重要。但是我们的基准调查显示，近三分之二的企业没有明确的、成文的创新目的（见第一章的图1.3）。在我们与客户工作的过程中，这种情况时常发生。请看下面两个案例。

案例1：某高管组织一个制订战略的会议，希望所有高管都能参与其中。作为主持人和带头人，首先他讨论企业的目标，然后要求每位高管写下企业产品创新的目标，接着他收集高管们写下的目标，并朗读出来。不幸的是，没有两个人的目标是一样的！当他读出第四张纸条时，人们开始大笑。执行团队很快就意识到，每位高管对于企业产品开发目标都有不同的看法。这不是一个好的开始，因为目标没有被明确地制订出来，也没有准确地传达出去。

案例2：在一个大型的、企业集团内的产品创新战略会议上，有人问道："企业产品创新的目标是什么？"一致的答案是："15和5"。我们对这响亮并统一的回答感到吃惊，问这是什么意思。一位经理解释说："我们的目标很明确，即在未来5年内，推出15个主要新产品。每个主要产品要在第三年底达到100万美元的销售额。"

你可能不赞成案例2中提到的目标，或者批评它过于简单。但问题是，这个目标响亮而清楚，容易理解，并被所有需要知道的人熟知。它也是具体的、可衡量的、有行动导向的、切合实际的，并列出了具体的时限。在接下来的日子里，我们见到基层工作人员时，向他们提出了同样的问题："企业的目标是什么？"答案总是一样的："15和5"。不管是技术、营销还是操作部门，好像每一位为新产品工作的成员的额头上都印了"15和5"的字样，每天早晨他们都能在镜子中看到它一样。大家都在向同一个目标前进。

当然，该企业也轻松地实现了这一目标。

测量和指标

目标是测量绩效的基准。为了使其发挥作用，企业需要一个闭环式反馈模型适时地提供校正，进行持续的改进。如图2.2所示，该模型显示企业必须设定目标、制订战略和行动计划、执行这些计划，然后根据原有的目标衡量绩效。如果目标未达成，企业则需要采取改进措施。也许刚开始企业设定的目标不太现实，那么企业需要制订新的、更切合实际的目标。另外，也可能企业采取的某些行动是有误的，或其战略或战术计划不当，或它们的执行力不好。当上述这些不好的结果发生时，都会促使企业不断反思并修改它们的计划。

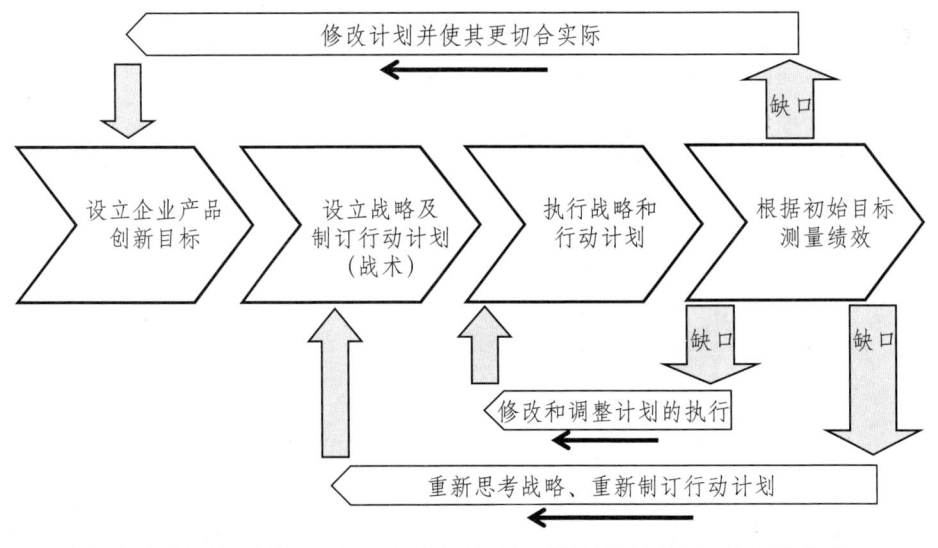

图2.2：设置创新目标，然后针对其衡量绩效，创建持续改进的闭环反馈模型。

目标与绩效指标密切相关。事实上，根据"可测量的工作才能完成"这一原则，企业里常用来测量新产品绩效的指标可以帮助选择适当的目标(见图2.3)。(注意，图2.3中的百分比总和超过了100%，这是因为大多数企业使用了多个绩效指标。)

图2.3显示超过三分之二的企业（68.6%）用"新产品销售的百分比"作为绩效指标。在企业内部，此绩效指标可能描述为"我们当前的年销售额的30%来自过去三年内推出的新产品。"另一个受欢迎的指标是新产品的销售增长率。50%的企业使用了这个指标，此指标可描述为"过去三年推出的新产品占企业去年销售增长的72%。"大约三分之一的公司采用"新产品占企业利润的百分比"，以此作为重要的绩效指标，可描述为"新产品在上一财政年度为企业创造了1250万美元的利润。"

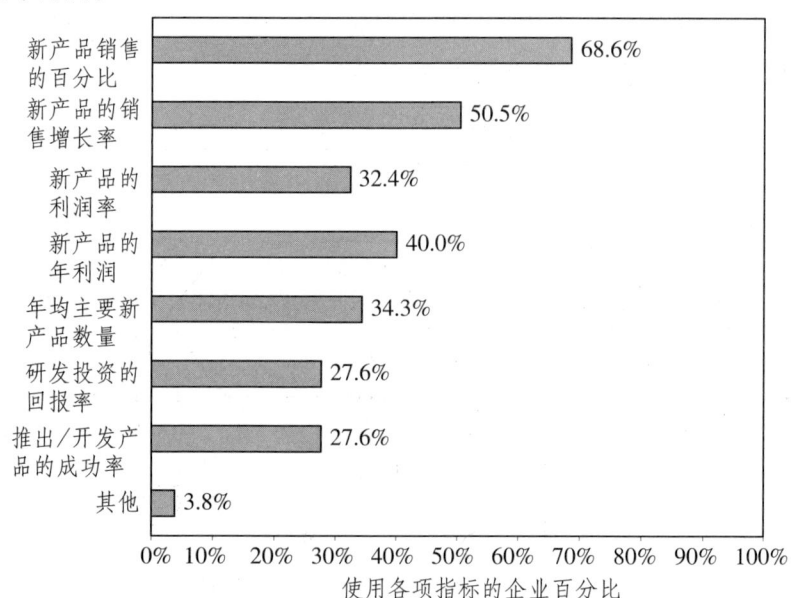

指标	百分比
新产品销售的百分比	68.6%
新产品的销售增长率	50.5%
新产品的利润率	32.4%
新产品的年利润	40.0%
年均主要新产品数量	34.3%
研发投资的回报率	27.6%
推出/开发产品的成功率	27.6%
其他	3.8%

使用各项指标的企业百分比

图2.3：有多个指标可用于衡量产品创新工作的总体绩效，迄今最普及的是"新产品销售的百分比"（NP）。

典型的绩效指标结果

参考其他公司及其创新绩效有助于企业设定产品开发目的。图2.4基于最佳、平均和最差绩效的公司,列出了一些典型的绩效结果。以下是设定目标时企业可借鉴的一些基准测试指标。

• 新产品收入的百分比:这是最常见的指标。平均而言,企业的27.5%的销售额来自过去三年推出的新产品。但这个数字差异很大,从绩效最好的企业的38%,到绩效最差的企业的9%。在不同的行业,这个数字也大不相同。

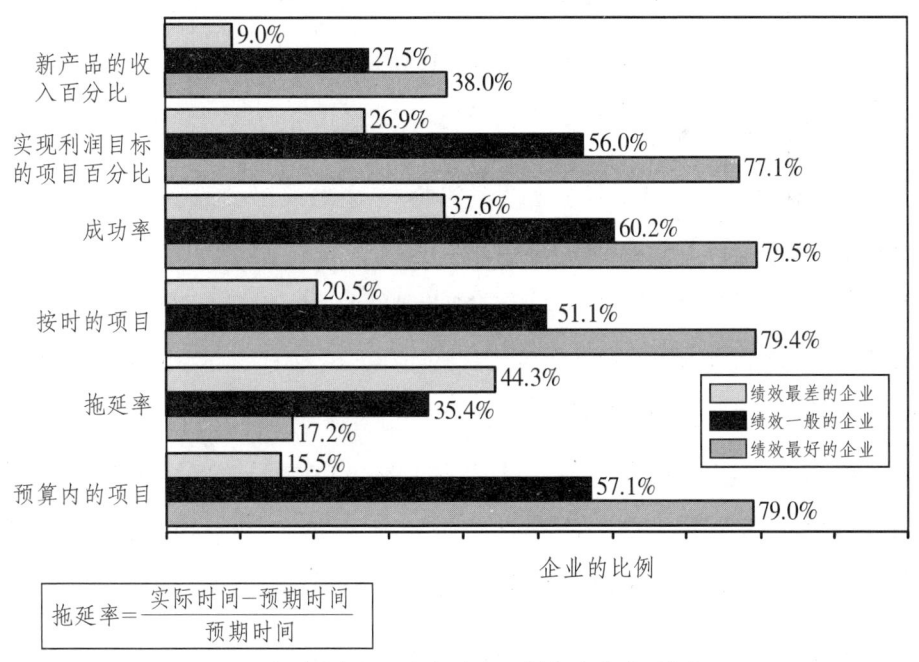

指标	绩效最差的企业	绩效一般的企业	绩效最好的企业
新产品的收入百分比	9.0%	27.5%	38.0%
实现利润目标的项目百分比	26.9%	56.0%	77.1%
成功率	37.6%	60.2%	79.5%
按时的项目	20.5%	51.1%	79.4%
拖延率	44.3%	35.4%	17.2%
预算内的项目	15.5%	57.1%	79.0%

$$拖延率 = \frac{实际时间 - 预期时间}{预期时间}$$

图2.4:条形图显示了企业在产品创新中的常用指标,按照绩效表现企业可分为最好的、平均的和最差的。

● 实现利润目标的项目百分比：第二个指标也是一个很好的目标，即新产品的实际利润与项目批准时的预测利润之比。根据图2.4，只有50%多一点的开发项目达到了它们的利润目标。在绩效最好的企业中，每五个项目中大约有四个项目达到目标。

案例：宝洁公司跟踪记录其新产品（按NPV衡量）获得的利润与项目的预测利润。在20世纪90年代中后期，这一绩效比（实际利润与预测利润之比或所谓的"成功率"）小于50%。也就是说，新产品的实际利润不到预测利润的一半。

不难想象，将成功率从不足50%提高到75%成为宝洁的一个重要目标。当时，绩效不佳的一个原因是项目负责人希望推动自己的项目，从而做出了过于乐观的估计。其他原因还包括执行力不够，以及推出项目后没有持续贯彻下去。现在，通过采取正确的行动（例如，让项目团队对市场结果负责，使用SIMPL门径管理系统），宝洁的成功率已接近80%，远高于75%的目标。

图2.4中的其他常用的指标还包括按时的项目、预算内的项目和拖延率，这些都可能有助于制订产品创新目标。拖延率是非常有效的考核相对时间的指标，它将实际周期时间（从项目批准到发布的时间）与预期的周期时间作比较。企业的平均拖延率是35%，也就是说，企业预期产品在12个月内上市，但实际开发和推出却花了16个月。绩效最好的企业把拖延率控制在17%，即它们花了14个月完成了原本预期12个月的项目。你企业的拖延率是多少呢？这里提到的改进方法是否应该成为你的企业的新产品目标呢？

销售百分比是最受欢迎的绩效指标，但它是最好的吗？虽然销售百分比是图2.3和图2.4中最受欢迎的指标,但是它不一定是衡量绩效的最佳指标。由于3M和其他公司开始让其总经理和高管对每年新产品的销售百分比负责,销售百分比这个指标才开始被普及。但一个精明的、有经验的首席技术官提醒了我们:"销售百分比是一个既好又坏的指标。我们的一个部门新产品的销售百分比非常高,但这是由于一些负面原因导致的虚高:市场上昂贵产品被淘汰;新产品在技术或经济上无法满足要求,需要被替换(因此被重复计算);以及对每一位客户要求的过度反应。结果不仅造成了产品线上很多不必要的浪费,也让企业花费巨大。所以高的销售百分比并不总是一件好事。"

因此,销售百分比不一定是最佳的绩效指标。实际上,就像上面的例子所说,高的销售百分比可能是由拙劣的、花费高的新产品拉动的!这个指标也可能引发错误的反应。例如,在我们合作的一个企业中,经理轻易地改变了"新产品"的定义,使得任何需要工程图的东西,即使是最小的变化,都被视为新产品。在另一家公司,高管查看目录中的"旧产品"列表(过去三年没有销量的产品)以确定哪些产品可以被轻易替换,以便其可以"达到指标",实现更高的新产品销售百分比。但是,这样的做法会挤掉现有的、有利可图的产品,或使其过早地被淘汰。

定义新产品

明确什么是新产品,这是设定产品创新目标和测量绩效的挑战之一。为了使目标有效,上文提到的大多数指标都是基于对新产品的严格定义。许多情况下,模糊的新产品定义便于管理层"玩弄数字",例如,将创意当成是新产品。因此,企业在确定产品创新目标和测量绩效的指标之前,需要明确"新产品"的定义。

什么是产品?对于企业来说,产品是其为了获得利润而提供给外部市场的任何东西。产品包括实物产品、服务产品或这些产品的组合。但是免费的赠品,例如提供免费服务或免费培训,则不算作产品。因为这只是客户服务或营销的手段,应算作企业的成本。如果这个培训是收费的,那么它就是产品。企业的内部开发也不算产品,例如IT部门开发的、供内部使用的销售报告系统。总而言之,如果它不直接产生外部收益,那么它就不是产品。同样的,如果研发实验室改进了生产流程,尽管生产流程提高了企业的产量,是一个有价值的项目,但是它仍不是新产品!(请注意,新产品管理的很多原则可用于这些内部项目,但为了设置和测量产品创新,它们本身不被认为是新产品。)

"新产品"中"新"不容易明确，但这对于设定目标和测量结果却是非常重要的。"新"产品有很多类型，实际上，"新"可以从两个方面来定义：

- 对公司来说产品是新的。企业从未制造或销售过这种类型的产品，但其他企业可能有。尽管如此，企业仍须承担开发和推广新产品的成本，并承担风险。
- 对市场来说是新的，或更甚，"一个真正的创新"。这里的新产品是市场中同类产品的首例，这也是"新产品"的传统定义。如果坚持这个严格的定义，那么企业所进行的很多产品开发工作就都不能算是开发新产品了。

新产品的分类

图2.5所示的二维图显示了六种不同类型的新产品。

1. 全新产品：即新产品是同类产品中的首例，并创造了一个全新的市场（见图2.5的右上角）。全新产品只占所有新产品的10%。众所周知的例子包括索尼随身听（Walkman），辉瑞的伟哥（Viagra）和3M的便利贴。

2. 新产品系列：即新产品已在市场上出现，但对企业来说是全新的产品（见图2.5的左上角）。约有20%的新产品属于这一类别。这种类别的新产品让企业进入已成熟的市场。例如，苹果（Apple）不是第一个销售便携式MP3播放器的企业（尽管有人可能会说苹果是第一个推出便于使用的、完全集成的MP3系统的企业）。韩国的世韩公司基于世韩信息系统在1993年首次推出了MPMan（一种音乐播放器），比苹果公司早了八年。当苹果公司推出它的产品时，显然这不是创新，但它确实是更好的产品，对苹果而言它就是新产品，其背后需要一条满足投资需要的、新的产品线。

3.对现有产品线的补充：这些是企业的新项目，但适用于已有的制造或销售的产品线，也是市场上的新产品。例如，惠普（Hewlett-Packard）在LaserJet系列下的型号，即更先进、更强大版本的激光打印机。这个打印机是LaserJet系列中的一个新项目，其新增加的功能让它变得新颖，或可称为"市场上的新产品"。此类别在新产品中的比例最高，约占所有新产品发布量的26%。

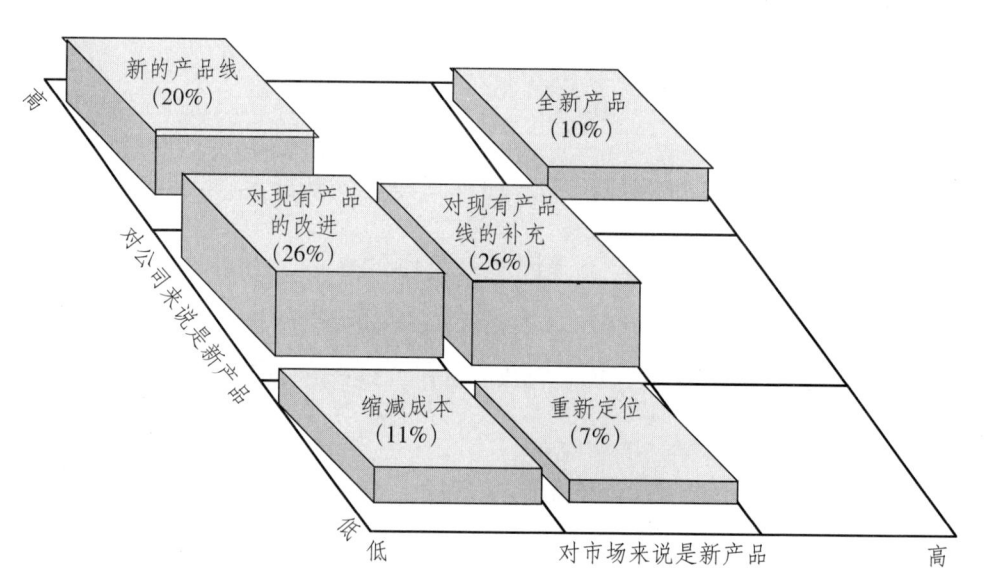

图2.5：定义"新产品"。"新"有两个维度：对公司来说是新的（垂直）和对市场来说是新的（水平）。

4. 对现有产品的改进：这些"不太新"的产品基本上是企业现有产品的替代品。它们有比"旧"产品更好的性能或更高的认知价值。这些新的和改进的产品也占所有新产品发布量的26%。例如，宝洁所推出的"新型改进型"的洗涤剂或具有新香味的织物柔软剂，这些基本上都是对现有产品线的改进、修订和扩展。在面向企业(B2B)的营销中，埃克森美孚化工(ExxonMobil Chemicals)生产改进性聚烯烃塑料，其大部分的研发工作都涉及产品"调整"，即修改现有聚合物以满足不断变化的客户需求或应对来自竞争的威胁。

5. 重新定位：这种类型的新产品在本质上是企业现有产品的新应用，通常是为了新的细分市场或为了不同功用重新定位产品。多年来，拜耳(Bayer)的阿司匹林（或在一些国家被称为ASA）是传统的缓解头痛、疼痛和发热的药物，后来被更新、更安全的药物所取代，如非甾体抗炎药(NSAID)，因此阿司匹林陷入了困境。但是新的医学证据表明阿司匹林还有其他的用途。现在，阿司匹林被重新定位，它不只是缓解头痛的药，也是血液稀释剂——血栓、中风和心脏病的预防剂。重新定位的新产品约占全部类别的7%。

6. 缩减成本：这是所有新产品类别中最不"新"的一类。这类新产品的目的是以更低的生产成本、相似的优势和性能来替代现有的产品。例如，产品可能被重新设计以使其更简单，或使用更低成本的部件以降低生产成本。从营销和客户的角度看，这不是一个新产品（事实上，营销人员希望消费者观察不出这些改变）；但从设计和生产的角度来看，它们代表了一个重要的技术进步。缩减成本的新产品占所有新产品发布量的11%（请注意，不要把这类新产品与企业内部对生产流程进行的改进相混淆，因为"流程开发"不会带来新产品）。

"对现有产品线的补充"和"对现有产品的改进"是两个最受欢迎的新产品类别，几乎是所有公司都常用的。相比之下，"全新产品"和"新的产品线"仅占所有新产品发布量的30%。但在被视为"最成功"的产品中，这两个类别占据了60%。绩效最好的企业也更大比例地应用这类创新项目，占了其发展组合的40%以上。

企业为了设定产品开发的目标和指标，需要明确"新产品"的定义。它们大多使用图2.5中的前四个类别，即"全新产品""新的产品线""对现有产品线的补充"和"对现有产品的改进"。"缩减成本"和"重新定位"通常不算作新产品。

超越新产品的传统定义

上文提到的大多数指标（因为目标与其相关）都需要企业明确其"新产品"的定义，而这会带来一些问题。例如，在定义什么是"重大改进"方面，就可能存在不确定的灰色地带。当采用"新产品销售百分比""新产品增长百分比"或"新产品产生的利润"等指标时，有一些方法可以帮助明确"什么是新产品"。实际上，所有指标都要求对"新产品"有明确的定义，这样才能使其发挥作用。

现在一些公司采用的都是更严格的"新产品"定义。例如，派克·汉尼芬(Parker Hannifin)认为"新产品"仅包括"全新产品"和"新的产品线"。重大改进的产品、现有产品线中的新项目、缩减成本、修改和调整（如图2.5所示）则不计入其绩效指标或目标中，当然，这样的定义必然使"新产品"更便于操作。理由是真正创新的产品，即"全新产品"和"新的产品线"，才可以推动企业成长。相比之下，其他开发工作，包括修改、改进和新的项目，只是保持创新，属于运营的成本，对企业来说不是真正的新产品。

同样的，ITT工业集团确定了哪些项目属于"新项目"。它缩小了"新"的范围，新产品只包括那些"具有新的特征、功能和优点，对客户来说新的特征、功能和优点是显而易见的，并且至少涉及50,000美元的工程支出"的产品。ITT工业集团的理念是，"新"产品在客户的眼中必须是新的，尽管也会给ITT本身带来一些风险。

另一种严格的"新产品"定义是只计算增量销售额。因此，如果替代或改进的产品没有带来额外的收入，或只是取代了现有产品，那么它们不算做新产品。例如，玛氏(MARS)宠物食品用净增销售额(NSV)作为其关键指标。"增量销售"定义的引入无疑推动了企业的良性发展（产品组合中没有了不必要的、昂贵的损失）。除非产品创造了新的业务，否则不算为新产品。这一指标推动企业寻求更加有创新性、进攻性的产品，以增加新的业务和销量。另外一个好处是，计算增量销售额比"产品在客户眼中是新的"这一标准更有可量化性和精确性。因此，该指标比大多数指标更可靠，具有更高的操作性。

设置产品创新目标

高级别目标的类型

创新战略应包括哪些类型的目标呢？许多公司会阐明一个或两个高级别的总体目标，然后从这些总体目标中细分出一些较低级别的目标或子目标。如上文所述，高级别目标通常被视为创新战略的一部分。下面是它们的使用建议（见图2.6的总结）。

1. 最近三年推出的新产品所占的销售额百分比。例如，"目标是到2012年，年销售额的32%来自前三年推出的新产品。"

期限三年是一个普遍接受的、可将产品视为新产品的时间跨度。根据当前的商业节奏，两年可能更适合一些电子类和高科技类的企业，但是市场更新率非常慢的行业经常以五年为新产品时间跨度，因为新产品的销售增长可能要等很多年，并且推出新产品的那一年通常不计入其中，因为企业无法从第一年的产品销售中获益。

或者，企业可以计算绝对销售额，即来自新产品的销售额，而不是百分比。例如，"根据2012年之前三年推出的新产品，这32%可转化为5000万美元的销售额"。

另一个推荐的方法是将新产品的绝对销售额与销售额百分比联系

起来。这两者计算方法相同，但是用不同的方式表述。销售百分比对于和行业之间、其他业务部门、过去几年之间的比较特别有用，而销售额对企业成员来说更具体一些。

我们的建议是企业在定义产品创新目标时，可采用新产品的销售百分比这一指标。原因为：它经受了时间的考验；在大多数情况下，它激励企业采取正确的行为；这一指标是相对可测量、可操作的；这一指标让企业的业务有数据可循。但销售百分比这一指标也有缺陷，企业要更严格地定义"新产品"，以便这个目标可以推动并激励企业采取正确的行为，企业也需要考虑将其他指标列为目标之一。销售百分比，作为一个指标和目标，远远没有完美到可以单独完成这项工作。

高级别的产品创新的建议目标
1. 在第X年里，新产品（过去三年推出的）所占的销售额百分比
2. 在第X年里，新产品的销售额
3. 来自新产品的净收益或增长收益
4. 新产品的销售增长百分比
5. 新产品的战略角色：
   ——保护市场份额
   ——开发新技术
   ——在新的市场确定立足点
   ——开拓新的技术或市场机会
   ——利用长处或资源
   ——增加产品种类以扩大到高增长的领域

低级别目标
1. 新产品开发的成功率、失败率和淘汰率（例如回收利润）
2. 最低可接受的财务回报
3. 每年新产品创意的数量
4. 每年推出的新产品数量
5. 每年开始开发（或在开发中）的项目数量

图2.6：这些不同类型的创新目标可以作为指南，但要确保有一个非常可靠的关于"什么是新产品"的定义

2. 新产品在给定的时间段内获得的利润百分比也可作为一个目标。例如，"企业的目标是到2012年，30%的税前利润(EBIT)将来自过去三年所推出的新产品。"同样的，企业也可以采用绝对利润及百分比。

请注意，虽然新产品利润（而不是销售额）通常是最终目标，但新产品的利润可能更加难以测量。例如，新产品利润中是否要减去部分研发成本，还是将这些研发成本简单地视为开销？企业该如何处理旧产品和新产品之间共享的生产设备的成本？此外，企业的年利润（计算利润百分比的分母）与销售额相比更不稳定，所以利润的百分比很可能会起伏很大。出于上述原因的考虑，企业采用此利润指标作为企业目标时，一定要谨慎。

3. 用业务增长的百分比来表示新产品的销售和利润。例如，"未来三年企业销售增长的70%将来自这一时期推出的新产品。"虽然这一指标与上述的1、2相似，但却是以不同的、也许更有意义的方式表达出来。例如，这个指标将企业的目标（业务增长）与企业的新产品目标紧密相连。而且，使用销售额而不是利润可能更为实际。因此，建议使用新产品销售的增长率作为销售的目标和指标，同时也使用更受欢迎的销售百分比。

案例：某家主营机床控制的制造公司，它的销售额为7000万美元。它的目标是在五年内将其销售额翻倍，并预期其中四分之三的增长来自新产品的销售（另外四分之一来自别处，如新的市场或市场的扩大）。

根据图2.7，我们可以计算一下。五年内，实现7000万美元的销售额翻一倍，复利率每年只有不到15%（基准年是2009年，目标年是

2014年）。

因此，新产品的目标变得更加具体：

• 企业四分之三的销售增长来自新产品，也就是说，新产品增长在目标中发挥主导作用。

• 这意味着在2012年，新产品（在2012年和之前两年推出的）销售目标是2710万美元。

• 在2014年（目标年），新产品的销售目标是增加到3580万美元。

• 按百分比来说，这意味着从2012年到2014年，每年新产品销售额的目标都是年销售额的25.6%。

年份	基准年2009	2010	2011	2012	2013	2014
公司销售目标（百万美元）	70.0%	80.4%	92.4%	106.2%	122.0%	140.0%（翻一倍）
年销售增长（百分美元）	—	10.4%	12.0%	13.8%	15.8%	18.2%
75%的收入来自新产品（百万美元）	—	7.8%	9.0%	10.3%	11.9%	13.6%
新产品最近三年的销量（百万美元）				27.1%	31.2%	35.8%
新产品最近三年的销售百分比				25.6%	25.6%	25.6%

图2.7：设定新产品目标时可将其与公司的总体增长目标相联系。这里的增长目标是在五年内业务增长一倍，其中75%的增长来自新产品。

4. 研发和工程的资金投资回报率：这是个值得考虑的目标，因为它也是生产力指标和目标，即产出应超过投入。简而言之，这个目标是在投入一定资金的情况下，企业将利润最大化（或达到某个程度）。在实际操作过程中，这个指标是这样计算的。

$$投资回报率(ROI) = \frac{新产品的利润（在最近X年推出）}{研发和工程的新产品资金}$$

从概念角度而言，此目标值得称赞，但是这个目标具有操作上的问题。正如之前提到的，测量新产品的利润有很多困难：哪些属于新产品计划？是否只考虑增加的利润？如何处理共享资源（如生产设施或销售团队）的成本？计算出这个方程中的分母也同样困难：是考虑业务产生的所有研发和工程成本，还是只计算那些花在新产品上的成本（两者很难区分开来）？是否要计入新产品导致的其他成本？据估计，研发和工程成本可能不到产品开发总成本的一半，其他还有市场、销售、运营和管理的时间和成本，这些都更难以确定。基于上述原因，我们不建议将基于研发和工程支出的ROI作为有效的指标，因为测量中存在太多的问题。

5. 产品创新的战略作用：通常这是一个更难以量化的目标，但可以作为产品创新的目标。这一类型的目标包括保护市场份额、开发新技术、在新的市场建立立足点、开拓新的技术或市场机会、利用长处或资源、增加产品种类以扩大到高增长的领域。这些定性的目标与上面提到的可量化的目标结合使用，可为企业的可量化目标提供有益的补充。

低级别目标的类型

上文概述并建议的产品创新目标自然地导出某些较低级别的目

标。例如，如果企业希望70%的销售增长来自新产品，那么这意味着需要多少的成功产品？需要多少开发项目？产品的成功、失败和淘汰率是多少？每年需要考虑多少创意？因此，企业需要考虑一些较低级别的目标。

● 新产品开发的成功率、失败率和淘汰率。早期宝洁公司的管理层设定了一个目标，将成功率（回收利润）从小于50%提高到75%。这是属于较低级别目标的设定，也是实现它所期望的销售百分比的目标所必需的。

● 增加新产品项目的财务回报（或达到一些最低目标）。这个目标与上面刚提到的成功率类似，涉及跟踪每年推出的新产品的投资回报率或内部收益率(IRR)。

● 考虑每年的新产品创意的数量。例如，高端水晶和珠宝的制造商和零售商施华洛世奇(Swarovski)，它设定的新产品目标是：在全球消费者市场上，施华洛世奇销售额的66%来自新产品。这意味着每年有数百种新的珠宝和水晶产品面世。为了实现这一目标，施华洛世奇创新副总裁设定了每年500个新创意的目标，采用I-Flash的内部创意捕获与处理系统获取创意。经过近三年的实践，施华洛世奇已收集了1300多个创意，共有650名员工参与。尽管一些创意没有深度开发，但是公司内部的专家评估员共进行了3,000次评估。

● 每年推出的新产品数量。本章介绍了"15和5"或"未来5年推出15大新产品"的目标的案例。但是，这种类型的目标也存在问题。产品可大可小（在该案例中，总经理规定了产品的最小可接受度），并且产品的数量不会直接转化为销售额或利润。当它与更高级别的目标（例如，新产品带来的销售额或增长的百分比）结合使用时，这一指标就能发挥很明显的作用。而且，这一目标是明确的，也容易传达和易于理解。

- 每年开始开发（或在开发中）的项目数量。就像要推出的产品数量或每年要考虑的创意数量，这个目标通常是管道分析的结果，"如果企业计划每年新产品的销售额达到1000万美元，那么这意味着要推导出企业每年推出多少新产品、多少个发展项目，以及需要提出多少创意？"这里我们要考虑磨损曲线：需要许多创意才能带动一个开发项目，也可能需要启动一系列开发项目才能成功地推出一个新产品。图2.8是根据产品开发管理协会(PDMA)的数据得出的一条平均磨损曲线。

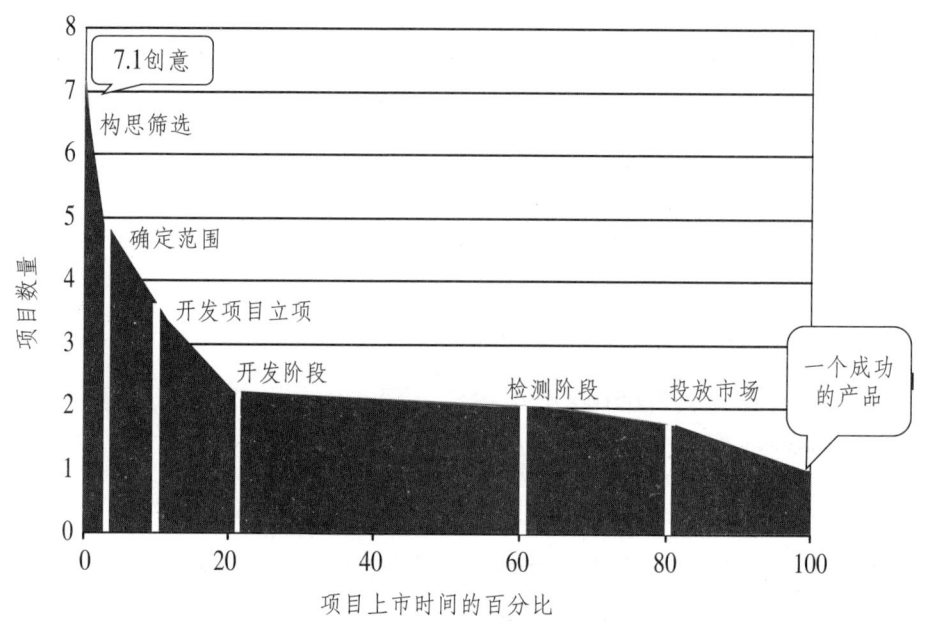

图2.8：企业在为每年新推出的产品数量设定目标时，不要忘记磨损曲线，因为企业总是需要开发更多的项目才能产生一个成功的产品。

经营战略的目标类型

当考虑什么类型的目标可能对企业最好时，参考同类公司的设定目标也许会得到一些指引。研究表明，企业采用不同的创新战略，则目标的类型差异很大，这在一定程度上取决于每家公司采用了什么样的战略（见图2.9）。

1. 创新者——"探索型"企业，使用：
   - 来自新产品的利润百分比
   - 来自新产品的销售百分比
   - 得到新机会的能力
2. 快速跟随者——分析并观察竞争对手以获得优势，使用：
   - 产品开发工作的投资回报率
   - 创新工作是否符合或支持企业的总体战略
   - 来自新产品的利润百分比
   - 成功/失败率
3. 防守型企业使用：
   - 产品开发工作的投资回报率
   - 是否符合或支持企业的总体战略
   - 保护市场份额
   - 提高毛利润
4. 反应型企业使用：
   - 产品开发工作的投资回报率
   - 成功/失败率
   - 是否符合或支持企业的总体战略
   - 保护市场份额

图2.9：运用不同战略的公司往往有不同类型的创新目标。你的企业属于哪种战略类型呢？

创新者：行业创新者通常被称为"探索者"或者"先锋"。它们总是带着新产品和新技术第一个进入市场，并对市场中新的机会信号做出快速反应。这些企业通常使用这些类型的目标。

- 来自新产品的利润百分比。
- 来自新产品的销售百分比。
- 得到新机会的能力。

快速跟随者：这些企业有时被称为"分析者"，它们会仔细观察竞争对手的行动。一旦发现竞争对手出现新动向，例如成功地发布了新产品，它们就会迅速复制并改进"先锋"所推出的产品，然后推出比"先锋"更好的产品。在产品创新的目标方面，这些快速跟随者倾向于：

- 产品开发工作的投资回报率。
- 创新工作是否符合或支持企业的总体战略。
- 来自新产品的利润百分比。
- 成功/失败率。

防守者：防守型企业试图保护它们在市场中的稳定位置。为了保护自身的位置，它们提供更高质量或更低价格的产品，或者依赖营销组合的一些其他元素，例如广泛的分销网络或优质的客户关系。产品创新不是其经营战略的重心。它们的产品创新目标往往是：

- 产品开发工作的投资回报率(ROI)。
- 是否符合或支持企业的总体战略。
- 保护市场份额。
- 提高毛利润。

反应者：这些企业在产品创新方面的特点是"没有战略"。它们在维持既定的产品和市场方面没有那么积极，只会被迫做出反应。虽然它们开发新产品的速度很慢，但是往往对竞争对手和外部力量反应强烈。这些企业产品创新的隐含目标是：

- 产品开发工作的投资回报率。
- 成功/失败率。
- 是否符合或支持企业的总体战略。
- 保护市场份额。

如何设定企业的产品创新目标

设定目标不容易，而且初期尝试往往让人沮丧。可是，目标是制订创新战略的基础，只有明确目标才能合理地确定研发所需的开支。以下讲述的内容是确定目标时可采用的方法。

竞争对抗法或竞争性领导力

对企业来说，行业中平均水平的和最好的企业是一个衡量尺度。参照行业中平均水平的企业和领头的企业，可以为设置企业自己的目标提供参考依据。由于销售额百分比是迄今为止最受欢迎的指标，因此，企业在设置目标时可参照其他企业的销售额百分比。

特别是当企业低于行业的平均水平时，平均水平的企业提供了一个合理的、可实现的执行标准（从而设定目标）。但是，绩效最好的企业所采用的指标可以成为其他企业长期追求的目标。

案例：2002年，ITT工业集团在前三年推出的新产品仅实现了15%的销售额（见图2.10）。为了提升企业的创新能力，并回应股东对提高市盈率(Price/Earnings ratio)的要求，ITT工业集团成立了"基于价值的产品开发"(Value Based Product Development)工作组。工作组制订的短期目标是公司应达到所在行业的平均水平，即新产品销售百分比达到28%。这意味着五年内ITT工业集团的创新率几乎要翻一倍。工作组制订的长期目标则是在七年内赶上行业中绩效最好的企业（新产品销售百分比达到35%），现在ITT工业集团快要实现目标了。

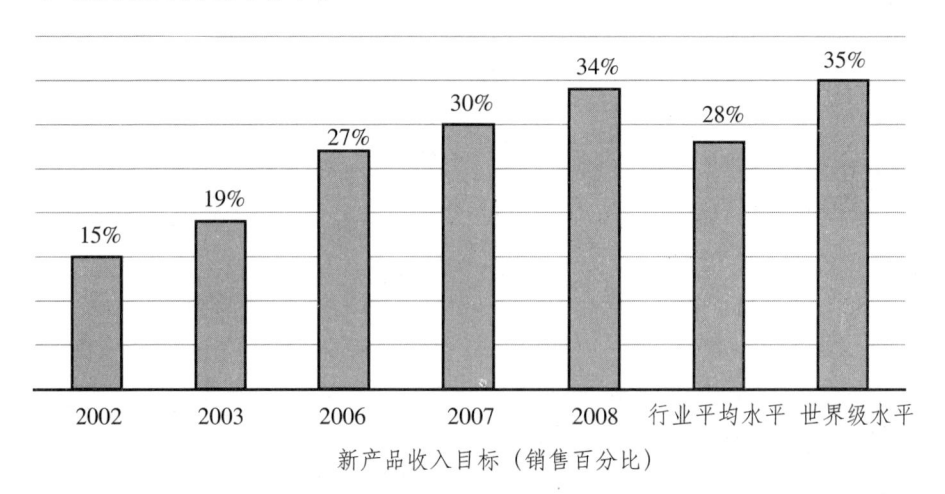

新产品收入目标（销售百分比）

图2.10：竞争对抗法将企业与所在行业的平均企业和最佳企业进行比较。这家公司在2002年的新产品销售比例为15%。它的近期目标是在五年内将其业绩提高一倍，并达到行业的平均水平。它的长期目标是在七年内处于行业领先者的行列。

但这里有一个问题，就是企业很难找到可靠的数据参照。图2.11提供了一些数据，是不同行业在过去三年内推出新产品的销售百分比。请注意，这个指标与行业相关，因此在使用此表中的数据时，请务必选择最接近您公司的行业。这里的"新产品"包括所有类型的新产品，不仅包括全新的产品，也包括重大改进、修改和调整的产品。

行业	新产品销售占总收入的百分比
快速消费品	24%
金融	26%
服务	25%
工业服务	21%
化学制品	18%
其他材料	20%
健康	31%
科技	47%
软件和服务	45%

图2.11：行业差异——新产品销售占总收入的百分比。你的企业在行业中的水平怎样呢？

缺口分析

一般来说，新产品的目标设定通常从企业的整体战略规划开始。企业要确定增长和利润的目标，以及企业的总体战略。通过缺口分析，可以得出企业的新产品目标。图2.12概述了此方法。

缺口分析一般包括两部分，内容如下所述。

• 理想状态：基于企业的整体经营目标，企业希望未来3到5年间的销售额（或利润）是多少。通常这是由公司总部或股东设定的。

• 预期状态：基于当前的产品线和企业的现有战略，预计的销售额（或利润）可能是多少。这意味着在不考虑战略变化的情况下，对当前的产品、生产线及其生命周期曲线做出预测。因此，"预期状态"很可能会实现，除非改变战略。

> 缺口分析的步骤
> • 按现有的战略，预期未来的收入和利润额，即预期（或可能）状态
> • 根据企业的目标，计算出想要得到的销售和利润额，即理想状态
> • 观察两者之间的差距，考虑如何缩小差距？
> — 通过现有产品增加市场份额？
> — 市场增长？
> — 新的市场？
> — 新产品？
> — 并购？
>
> 只有有限的几个方法可以缩小差距。应明确新产品开发在企业中的角色

图2.12：在为企业设置产品创新目标时，使用缺口分析，即分析理想状态和预期状态之间的差异，确定如何缩小差距。

通常在理想状态和预期状态之间，存在一个差距。对未来的预测越远，两者间的差距越大。可以通过以下的一些方法来缩小差距：新的产品、新的市场、新的业务、开发市场或增加市场份额（或在企业战略任务内的收购）。这样，这些工作（包括产品开发）的目标就确定了。

案例：健力士（爱尔兰）的高管制订了企业酿酒业务的战略计划。其位于伦敦的母公司帝亚吉欧(Diageo)为健力士制订了宏大的销售增长和利润目标。然而，对当前产品和市场的研究表明，预计的销售额和目标之间存在差距（见图2.13）。也就是说，基于当前的产品和市场，预期收入和利润与理想销售和利润水平（业务目标）存在差距。

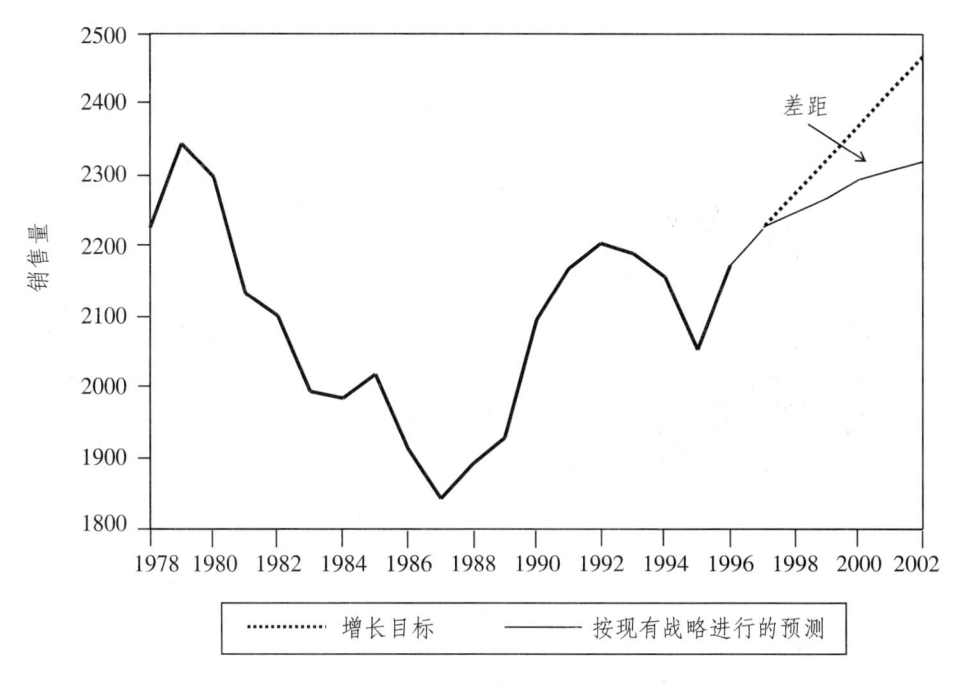

图2.13：缺口分析示例。该图显示了从1995年开始，健力士按现有战略进行的预测，以及总部规定的增长目标。

这个差距需要由新市场、新产品或新业务来填补。由于当时啤酒市场的增长有限，健力士在主要市场的份额已经很高，而且当时市场扩张存在限制，新产品成为健力士管理层缩小差距的重中之重。为此，管理团队确定了一组新的产品目标。

案例：美国的阿尔卡特朗讯科技公司(Alcatel-Lucent Technologies)经历了类似于健力士的过程。他们绘制了当前产品和产品类别的销售预测图（见图2.14）。请注意它们是如何预测四个主要的市场的（图2.14左侧），同时他们也预测了企业在这四个市场中的市场份额（图2.14中间）。将两组曲线的数据相乘得到预期销售额（图2.14右侧），然后将其与业务的增长和销售目标进行比较。通过这样的方法，朗讯的管理层发现需要新产品填补缺口，进而将新产品作为企业的目标。

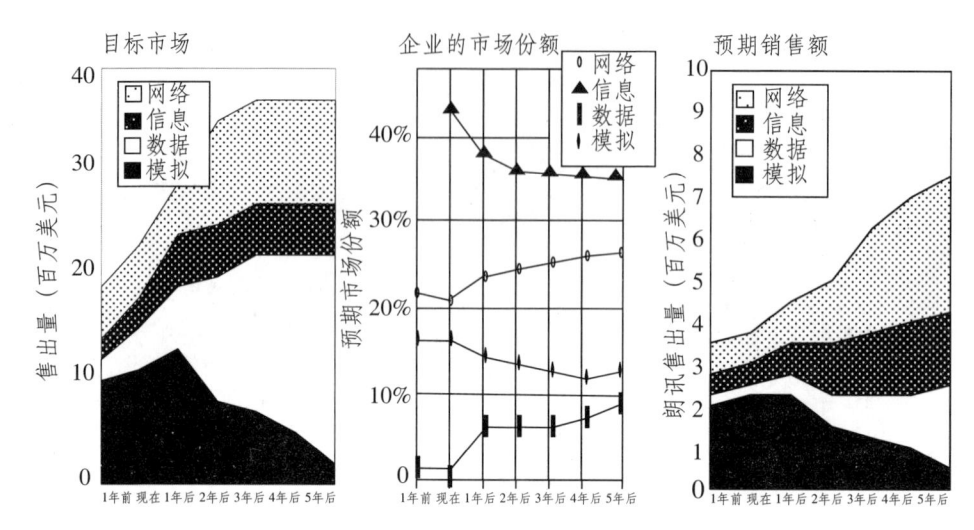

图2.14：要确定差距，需观察市场规模和对市场份额预测（左图），然后得出四个市场的销售预测（右图），接着将其与业务目标的总销售增长进行比较，便可轻易找出差距。

一旦确定了预期销售和理想销售之间的差距，管理层需要基于战略角度考虑如何去填补这一差距。图2.15所示的滴漏模型(Trickle down model)提供了指导。管理层首先制订增长目标（百分比和金额数目），然后估计如何达到增长目标缩小差距。增长的方法包括以下几种（见图2.15，左上）：

- 扩大市场规模。
- 增加现有市场的份额。
- 扩张地域。
- 有机增长，如新市场、新产品。
- 收购。

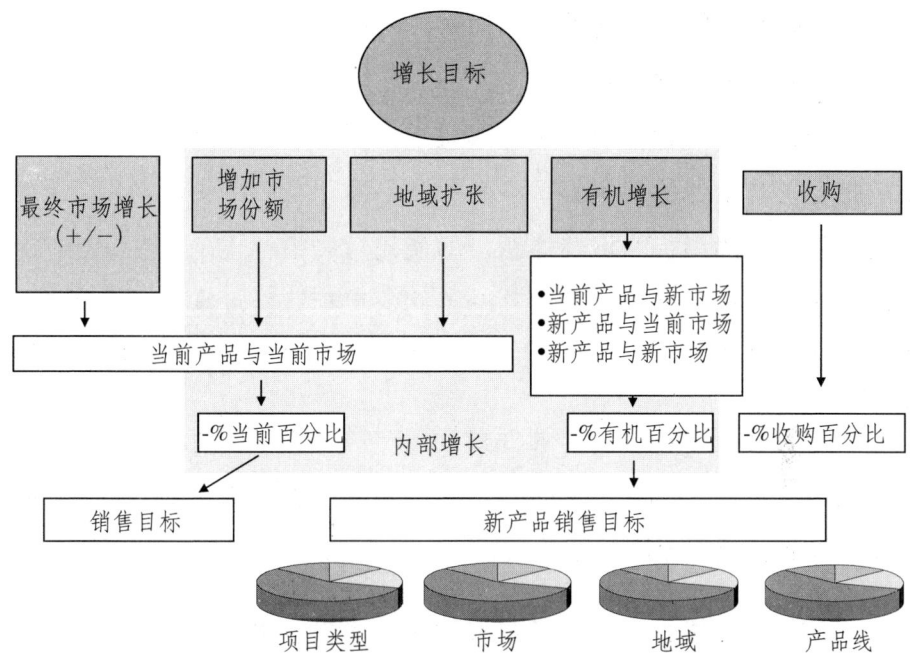

图2.15：滴漏模型可帮助企业确定创新目标。它从制订增长目标开始，并进一步确定增长的来源。读者可在图中插入金额数目和百分比。"有机增长"和最终"新产品"的目标不在此分析范围之内。

百分比和美元数字都可填入图中，看作增长的来源。通过这样的思考，企业确定未来预期的新产品（和新市场）的销售额。由此，新产品的目标得以确定！

总结

为产品创新工作设定目的和目标是制订企业创新战略的第一步，

63

但它不像听起来的那么容易。虽然目的可以是宽泛的、非量化的，但目标必须符合SMART准则：具体的、可测量的、有行动导向的、切合实际的、有时限的。通过闭环式反馈模型，用于测量企业新产品性能的指标可与企业的目标紧密联系。我们建议您参考一些常用于测量产品创新绩效的指标。但请注意，即使流行的指标也是存在一些问题的，这表明企业也许应该使用几个不同的目标，并且牢记，在确定目标前，企业必须对什么是"新产品"有清晰的、可操作的定义。

本章概述了一些具有普遍性目标——从高级别的目标和由它导出的低级别的目标。不同类型的公司，包括创新者、快速跟随者、防守者和反应者，使用不同类型的目标。

最后，在设定目标时，同行业的竞争者可以提供指导，即行业中平均水平和最佳绩效的公司在一些关键的绩效指标上（如新产品的销售百分比）做得怎样。运用战略方法，由企业的目的和目标开始，利用缺口分析和滴漏模型来确定新产品要发挥什么作用，这可以作为确定企业产品创新目标的一种方法。

第三章

稳健的战略分析——选好着眼点的关键

A Robust Strategic Analysis—Key to Achieving the Right Focus

未战而庙算不胜者,得算少也。

——孙子,公元前490年

聚焦适合的战略领域

在开发创新战略中,最重要的三件事情就是在正确的战略领域聚焦、聚焦、聚焦……产品开发工作往往像散射枪一样:没有焦点;松散地在不同方面努力(不同的市场、技术和产品类型);结果显而易见,几乎没有成效。在军事战略中,规模的原则至关重要:在决定性的地点和时间集中战斗力。这同样适用于创新战略。

案例:在某个大型跨国集团的部门,总经理正面临着来自新产品的压力。他的技术和营销团队非常有经验,能够有效并及时地执行新产品项目,但他总觉得少了点什么。他的上司,该部门的负责人,做了深刻的评论:"你们确实善于开发产品,但问题是,你们从没有重复做过任何事,结果是所有的领域你们都涉猎过!"上司的评论是正确的。他曾仔细地分析了他们过去的项目,发现该部门没有两个项目是类似的,总是尝试不同的市场、不同的产品类型和不同的功用。正如该家公司的营销经理所说:"我们从来没有放过任何机会。"这可能是值得称赞的企业管理方法,这家公司也不想丢掉这个方法,但它确实使得新产品工作变得没有焦点,成效甚微。

在第一章,我们曾提到过创新绩效的四个最重要的战略主题之一就是聚焦。

然而,为了集中精力,企业必须首先明确:聚焦在哪里?这表示企业要对不同的选择进行仔细的战略分析——各个战略领域的吸引力，以及企业在各个领域的能力。这是本章讨论的内容。军事上也同样如此：想象一群将军围坐在作战室里，正在试图制订一个策略。因为他们在人员装备方面的资源有限，所以他们知道如果他们多线作战，会分散其本就稀缺的资源，无法取得预期战果。他们现在面临的最重要的战略决策之一是向哪里攻击——在哪个战场、哪条战线或哪处战略领域集中精力。许多军事战役之所以失败，是因为指挥者将兵力分散在一条很长的战线上。

聚焦不会阻碍创新吗

一些怀疑者会质疑企业是否需要焦点，他们会给出一些例子，说明一些企业的工作没有焦点但是同样成功了。但这些例子数量有限，也不知其真假。真实的研究证据表明：对于新产品开发工作，聚焦是成功的创新战略的重要组成部分。聚焦为搜集创意提供了方向，也为筛选创意和选择项目提供了标准，为收购资源提供了目标（见图3.1）。

还有一些批评者认为聚焦会阻碍创新。他们认为一些最好的创意可能在企业的目标战略领域之外，但它们可能因为"偏离战略"而被丢弃。但是事实是聚焦有助于创新，因为它帮助企业将重心放在收益可能最大的领域上。此外，在新产品战略之外的重大突破，通常可以轻易地适应项目筛选过程（它允许一定比例的战略外的项目）。或者，可通过空余时间或跟踪项目来处理战略外的重大突破。在任何新产品开发工作中，总会有好的产品"逃掉"，这是不可避免的。但是，如果企业明智地选择聚焦的战略领域，那么总会在该领域中继续获得大量的机会。

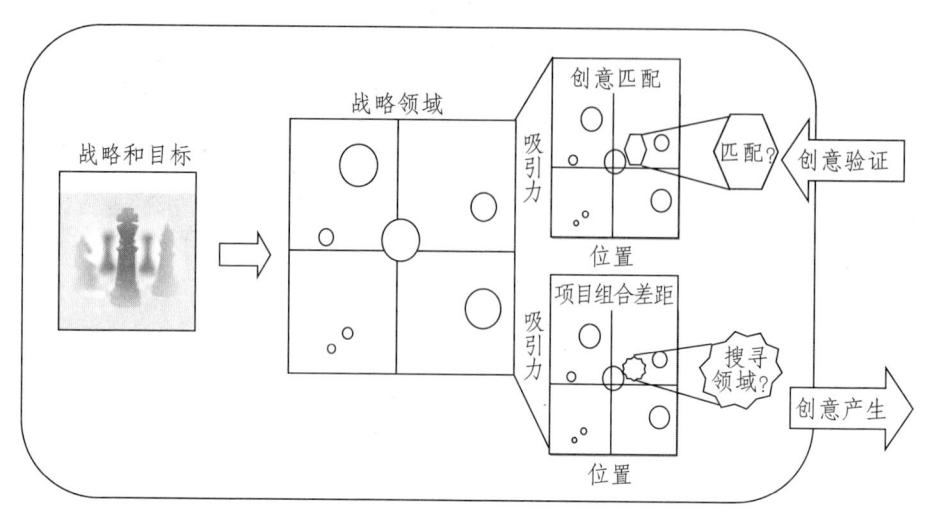

图3.1：战略发展需要选择战略领域，即企业希望研发和新产品开发工作集中在哪里。战略领域对创意搜集（它们提供了"搜集领域"）和创意验证（创意筛选：是否适合策略）而言，至关重要。

选择领域的三个步骤

明确企业的目标领域需要确认以下问题：企业应集中在哪些业务、产品、市场和技术领域上？或者同样重要的是，企业要明确哪些领域是超出界限的或者是界限外的，即不该带着新产品进入的领域（见图3.2）。

- 战略陈述必须明确以下内容：
  —— 产品开发工作往哪里前进？
  —— 哪些领域不属于战略领域范畴？
- 明确企业的目标领域可以确认以下问题：
  —— 企业的新产品工作应集中在哪些业务、产品、市场和技术领域上？

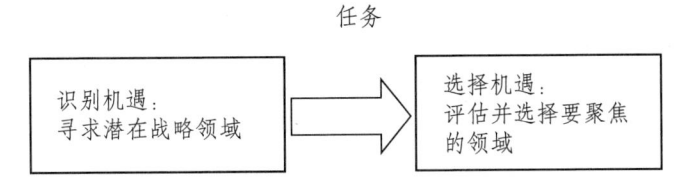

任务

识别机遇：
寻求潜在战略领域 → 选择机遇：
评估并选择要聚焦的领域

图3.2：战略领域作为产品创新战略的一部分，需要为企业明确目标领域。

明确目标战略领域的三个步骤。

1. 第一步是战略分析。评估市场、技术、行业以及企业本身和它的优势（见图3.3左框）。这一战略分析，即本章的主题，有助于企业确定潜在的战略领域，并了解其相对吸引力。

步骤1　　步骤2　　步骤3

战略分析
- 市场行业和技术分析
- 企业分析：核心竞争力

识别和分析机遇：目标战备领域
- 识别有可能性的领域
- 选择目标战略领域

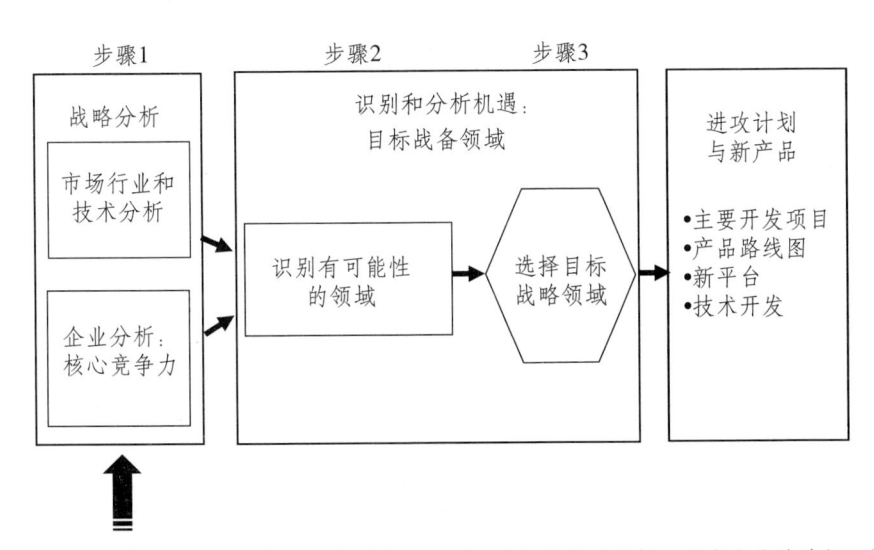

进攻计划与新产品
- 主要开发项目
- 产品路线图
- 新平台
- 技术开发

图3.3：确定战略领域焦点的三个主要步骤：制订全面的战略分析，观察企业的外部环境（市场和行业），了解企业自身的优势和核心竞争力。

2. 第二步是列出全部有可能性的领域，并制作一个全面的列表。

69

通过列表企业明确新产品的工作将集中在哪些领域。

3. 第三步是削减列表。评估各个选项的机会，选择出企业的目标领域。第二步和第三步是第四章的主题。

一旦确定了目标领域，企业就可以制订进攻计划，洞察新产品的机遇，执行所选的开发项目（见图3.3右框）。

战略分析——市场、技术和行业

战略分析的目的是寻找一些有可能盈利的、新兴的或成长中的领域，包括市场、细分市场、技术和产品类别。这些可能会成为企业要集中其创新工作的战略领域。战略分析不仅要寻找集中的战略领域，还应提供有效数据，用来帮助评估和选择适合企业的领域，其中主要包括评估企业的外部环境，即企业所处的行业和市场。这里有一些值得借鉴的方法。

绘制企业的价值链图

绘制企业的价值链，可以确定其中的主要参与者。企业的价值链中应包括供应商、客户和供应商的客户，直到最终用户。企业应评估价值链中所有成员的走向，以及他们可能发生的改变。关键的问题包括：

- 谁是参与者？
- 他们的角色是什么？
- 这些角色是否改变？
- 谁在获利，谁在失利？
- 谁在控制企业的价值链？
- 谁可能脱离价值链（或被取代）？为什么？
- 企业的价值链会发生什么样的变化？
- 这些变化将如何影响企业所在的行业及其主要参与者？

企业在思考这些问题时，是否有了新的机遇或战略措施的灵感？例如，新的价值链或现有价值链的变化可能会带来什么新机会？是否可以利用企业不断变化的环境？

案例：一家生产高端合成厨房台面的企业对其下游价值链进行了分析。台面的安装涉及很多参与者：制造商、制造车间、厨房设计者、零售商和安装者。制造商惊讶地发现，大部分的利润流向了价值链中的其他成员。例如，制造车间不仅切割台面，而且常把台面的轮廓边缘设计成多层的形式。这是高端安装所需的特征，但也非常昂贵。因此，制造商决定取得对分销渠道的控制，以获得公平的利润份额。制造商决定扩大其业务，提供模制和轮廓台面的产品，以此来获得一部分制造车间得到的附加价值。我们可以想象，如果这家企业没有分析它的价值链，将会错过怎样的机会。

分析产业结构

观察企业所在的行业结构，包括企业的直接和间接竞争对手。通常来说，对竞争对手的分析（他们的策略、成功和失败）可帮助企业了解自身可采取的战略措施。关键问题包括：

- 谁是你的主要竞争对手——包括直接和间接的竞争对手（间接的竞争对手就是一个能同样满足消费者需求的企业，但它使用不同的产品或服务）？
- 哪些竞争对手在获利？哪些在失利？为什么？
- 竞争对手取得业务的战略是什么？
- 哪个竞争对手最具创新力？他们在向哪个方向努力？
- 你的竞争对手是否发现了一些新的客户需求，而你可能忽略了？他们是如何满足这些市场需求的？
- 你的竞争对手是否发现了新的市场、细分市场或产品功效？
- 他们取得成功（增加销售额并赚钱）了吗？他们为什么成功？如何成功？
- 你能在这些新的领域做得更好并取得胜利吗？

考虑这些问题的答案是否向企业指出了一些潜在的战略机会呢？它们是否表明企业在战略操作中可以考虑新的领域、细分市场或产品类型呢？这项分析是否表明了这些战略机会的相对吸引力呢？

识别客户所在行业的驱动力

仔细观察企业的客户和他们所在的行业，评估哪些因素使他们获利并取得成功。这些因素和驱动力是否会改变，从而为企业带来新的机遇？企业是否有机会提供新的解决方案来帮助客户？

案例：某英国塑料瓶制造商曾面临着激烈的竞争，利润率也不断下降。该企业主要是将传统的PET塑料瓶卖给果汁类饮料(Squash)企业。（在英国，大部分的软饮料不属于碳酸类的，因此不用加压。它们是浓缩的果汁饮料，也被称为"squash"）。英国的四大零售连锁店影响力非常大，所以饮料公司面临着巨大的价格压力。一项对饮料类零售企业的成本和利润调查分析显示，企业密切地关注着每平方米货架的收入，因为它至关重要。此外，分析发现，果汁类饮料的公司总是希望他们的产品能容易地与相似类别的产品区别开来。

所以该塑料瓶制造商提出了一个新的战略——提供特殊形状的PET瓶。这就可以帮助客户解决他们所关注的问题：最大化每平方米货架的收入，与此同时，特殊形状的PET瓶使产品的识别度高。首先，塑料瓶制造商提出了一个近方形塑料瓶的概念，这让每平方米的货架可以承载更多的产品。因为这些饮料不用加压，所以方瓶在技术上是可行的。这样，客户定制的塑料瓶就使饮料与同类公司的产品区别开来。这对于饮料公司和零售商来说是一次成功，对该塑料瓶制造商来说，无疑也是一次胜利。

把钱拿出来

首先，我们考虑企业在所处行业和价值链中哪里有利润，然后问一问，为什么企业没有得到其公平的份额。例如，企业可以制作利润池图或市场图，这图说明了谁在该行业、市场或价值链中获利，如图3.4所示。

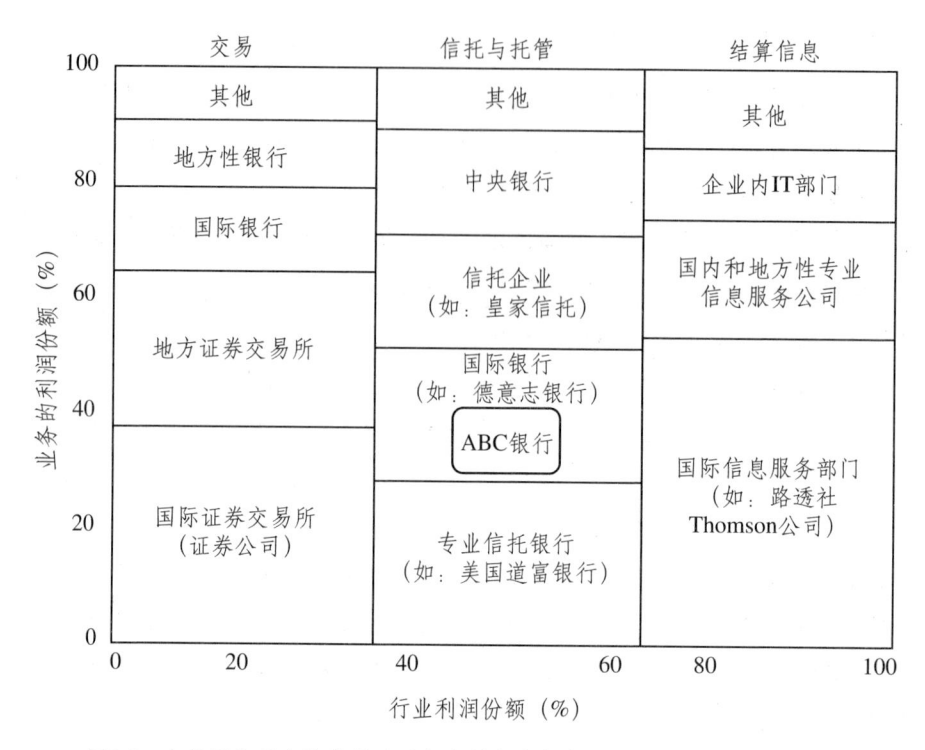

	交易	信托与托管	结算信息
100	其他	其他	其他
80	地方性银行	中央银行	企业内IT部门
	国际银行		
60		信托企业 （如：皇家信托）	国内和地方性专业 信息服务公司
	地方证券交易所	国际银行 （如：德意志银行）	
40		ABC银行	
			国际信息服务部门 （如：路透社 Thomson公司）
20	国际证券交易所 （证券公司）	专业信托银行 （如：美国道富银行）	

（纵轴：业务的利润份额（%）；横轴：行业利润份额（%），0 20 40 60 80 100）

图3.4：市场图从两个维度显示了行业利润的分布：行业功能和公司类型。
本图以商业托管和信托业务（金融机构）为例。

案例：一家大型的北美金融机构（我们称之为ABC银行）正在考虑其商业托管和信托业务的战略。（托管和信托，由外国银行代表持有个体证券的服务。例如，假设一个美国人在法兰克福DAX证券交易所购买了一家德国公司的股份。当地的德国经纪人不会将股份转移到美国，而是将它们作为信托有偿地放在一家德国银行）。国际上的证券交易量巨大，因此许多国际银行也拥有大量的托管和信托业务。

该行业的市场图为ABC银行的高管提供了一些有意思的发现。例如，在图3.4中，托管和信托业务只占行业利润的25%（中间列）（ABC银行位于中心列）。盈利更多的是相关的服务部门，例如购买证券所需的交易（几乎是行业利润的40%）和交易各方之间来回流动的结算信息(也几乎占行业利润的40%)。仔细观察中间列可以发现，传统的银行部门只获得了约20%的保管利润，而其他机构则拥有更大的份额。

这样的图显示出利润归向何处。它也能很好地帮助企业识别相关的、可盈利的领域，以及瞄准这些领域的可能性。在ABC银行的例子中，它可以选择购买一家信托公司（中心列），或者是利用ABC银行先进的国际IT系统为其托管客户提供结算的信息（目前由Thompson Financial和路透社等信息公司提供该服务，而不是由ABC银行提供）。

追踪市场趋势

市场更迭和混乱为企业提供了可利用的机会。因此，企业要分析市场和行业的趋势。首先，企业要观察历史的趋势，估计未来的趋势，预测市场的规模和变化。其次，测量细分市场的增长和数量，确定未来会提供新机会的趋势。企业找出所处行业和客户所处行业中可能会面临的干扰。最后，找出可以利用的机遇（或威胁），以及新的市场、部门或潜在的领域。

这项分析的目的是寻找市场中的缺口或漏洞，即那些可能马上出现、或供应不足的、或被忽略的领域。

案例：营养品公司美赞臣（Meade-Johnson）很早就发现了市场上的"对顾客更好"和"健康"的需求。该公司的市场调查显示，许多更年期的妇女有一些营养方面的问题。第一，她们缺乏知识（许多人不了解营养需求）；第二，由于匆忙的饮食习惯，她们缺乏关键的营养素，如钙和某些重要的维生素；第三，更年期的许多妇女大多疲于朝九晚五的生活，也疲于照顾配偶和孩子。她们更需要享受生活。

在确认这些趋势的一致性后，美赞臣进入了一个全新的领域：针对这个疲惫并有需要的群体推出营养品。它推出了一系列名为Viactiv的产品。这是一种可以尽情吃的零食，并且富含针对这个年龄组所需的营养。美赞臣第一次推出的是钙咀嚼片，即一种耐嚼的巧克力，其中包含骨骼所需的钙和维生素K。其他产品包括能量棒和酒精饮料，让消费者享受的同时也为其提供了营养。这一系列产品继而大获成功，现在它被强生公司的McNeil Nutricionals部门所有。

检查五力是否存在

每当企业找到有潜力的市场缺口或领域时，应尽快判断这个领域的相对吸引力。一个经常使用的模型是图3.5中的五力模型。这个模型分析了五个因素或力量，它们能够判定一个领域是否盈利。

- 供应商的能力：当上游的供应商非常强大且有掌控力时，要关注潜力市场中的机会。例如，上文提到的塑料瓶制造商需要向大型的塑料公司购买PET聚合物（尽管后来有来自亚洲的低成本PET聚合物，供应商市场变得更具竞争力）。

- 客户的力量：企业只希望有几个主要的、强大的客户，但这不是一件容易的事。上文提到的塑料瓶制造商将产品卖给少数几个主要的饮料公司，而这些公司都有非常强大的采购部门。

- 竞争对手的力量和强度：对于竞争激烈的行业，当它的竞争重点是价格时，通常企业只能获得非常低的利润率。塑料瓶制造商在英国和欧洲有许多竞争对手，它们基本上都有相同的技术和制造工艺。

- 参与者进出市场的容易度：如果竞争对手可以相对容易地进出某个领域，那么该领域的盈利能力往往较低，比如在技术、知识产权或资本限制小的领域。在这方面，塑料瓶制造商做得较好，因为生产塑料瓶的固定设备和技术知识（挤压吹塑成型工艺）获取难度较高，价格也较昂贵。

●替代品的威胁：每当一个市场或部门面临着替代品的威胁时，利润率往往会下降。塑料瓶制造商确实面临着替代品的威胁，包括玻璃、其他类型的塑料、四角包装、纸质容器和其他更环保的替代品。

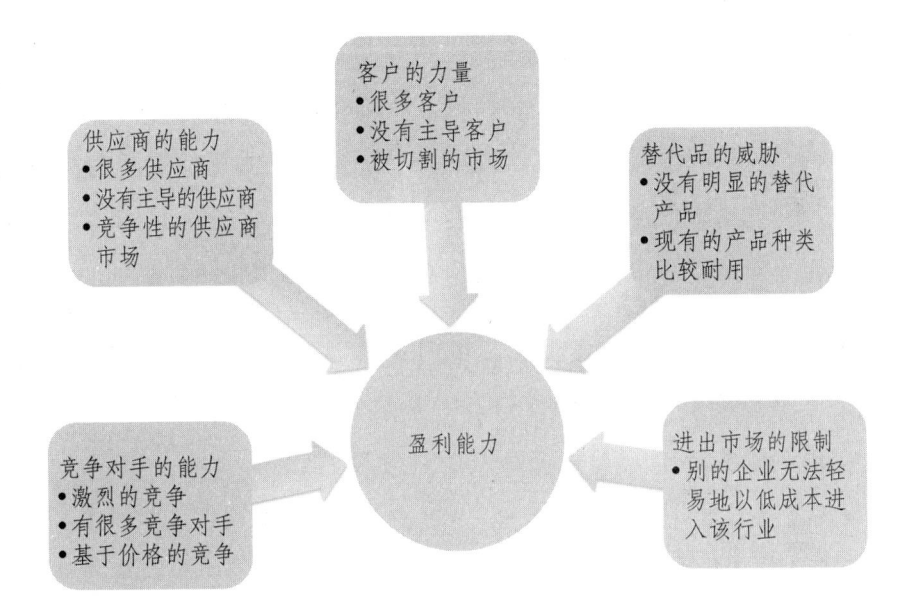

图3.5：五力模型显示了行业盈利能力的驱动力，有助于确定真正有吸引力的领域。

综上所述，该塑料瓶制造商在五个力量中有四力处于劣势。这解释了为什么它的利润总是少之又少——至少在其新的塑形瓶计划启动之前。

阐述未来市场的不同情景

大多数的预测都是错误的！事情不会简单地按照预期发生——

尤其是在过去十年的商业领域。但让人惊讶的是，在绘制未来的图景时，战略家通常认为他们的预测是正确的，然后基于这些没有把握的预测设定战略。

当评估企业所处行业、市场及其未来时，一定要有一个"最具可能的对未来的估计"。但不要只限于此，也要预测其他可能的未来，包括最坏的情况，或最不可能的情况。然后基于这些对未来的预测，制订单独的策略，包括不同的新产品和进入不同领域的决策。这给了企业另外的选项，以防另外的情况确实发生。接下来，评估每种情况的发生概率。一般来说，即使出现意外情况的可能性很小，但是一旦出现，企业也会改变其新产品的开发、新的目标市场或新技术的收购。

最后，制订路标，表明假设的几种情况中实际发生的是哪个。这些路标是重要的早期预警信号，并且这些路标是基于这样的前提："没有预测到的事情不可能会被及时地发现"。

● 尽管存在着许多经济指标——从过多的个人债务到过度膨胀的房价，都预示着未来将有坏事发生，但是2008—2009年的经济衰退还是使大部分的企业猝不及防。

● 互联网的迅速发展以及它对几乎每个产业的经营方式所带来的深刻变化，几乎每家企业都对此惊讶不已。

是的，在这些事件发生之前已有迹象和信号，它们本来可以被用作预警信号。下面的案例是一个假设的情景分析的例子，但是却是基于某个真实案例：

案例：某宠物食品制造商正在进行战略开发，对宠物食品市场的总量进行了一个多年的预测。该预测主要基于过去的趋势和一个假设：人们将继续以狗和猫为宠物，并将继续为它们购买宠物食品。我们可以称这个预测为

"未来的官方观点"。然后，基于这个单一的或官方的预测，企业制订了它的战略，包括新的和改进的宠物食品、更好的包装、像宠物小吃这样的新奇产品。到此为止，这项战略行动是相当传统的。

但是等等！我们知道这种对未来的看法很有可能是错的。例如，许多预测者坚信，人口统计学（人口的年龄分布）会推动市场。像婴儿潮一代、X代和Y代，以及现在的网络一代这样的人口群体，都对市场有着巨大的影响。婴儿潮一代强烈影响了住房市场、汽车市场、娱乐市场，以及在过去六十年中你可以列出的任一其他市场。

既然知道人口分布会推动一切，那何不为宠物食品制订一个未来的替代方案呢？

- 问题：如果婴儿潮一代推动市场，那么婴儿潮一代正在经历什么？
- 答案：他们正处于老龄化阶段并将要退休，一般都拥有健康的身体和金融资产。
- 问题：当整整一代人，他们有钱、有时间，而且身体健康，那么他们会做什么呢？
- 答案：出国旅行，或在温暖的地方过冬。
- 问题：对于要旅行的人，什么是他们最不想拥有的东西？
- 答案：宠物！他们爱宠物，一旦宠物死了，他们不想再养宠物。

因此，对于宠物食品公司来说，一个新的、基于"人口统计方案"的预测完成了。对于这些属于婴儿潮一代的宠物主人，他们在未来拥有的宠物数量将会大大减少。

乍一看，这个预测对宠物食品制造商来说是可怕的，但它同时也带来了新机会。人们会对"方便饲养的宠物"或"适合旅行的宠物"有需求。这会创造新的产品类别，例如租用宠物服务、自动宠物饲养器、宠物酒店、旅行宠物食品、宠物替代品等。企业可以利用宠物食品公司的品牌、消费者的信任和分销系统，推出新颖的服务和产品。

至于路标，该公司目前正在进行关于"宠物所有权"的跟踪统计，但是关键的指标变成了"60岁以上的人拥有的宠物"。这是一个完全不同但有说服力的指标，可以更好地预测"未来的官方观点"是否真的发生。

技术预测

在你的行业中产品技术在向哪个方向迈进？企业一定要进行技术评估，确定其所处的行业和产品技术的未来。例如，基于该技术的产品性能将会怎样？还有何时会带来这样的性能？常用的技术预测方法包括德尔菲法(Delphi method)、类比预测和增长曲线的外推法。因为突破性的技术和技术性能的突变是技术预测的特殊情况，所以我们将在下一部分讨论。

德尔菲法：德尔菲法是一个系统的方法。它整合了一组专家的集体智慧。该方法可以远程使用或面对面讨论（改进的德尔菲法或估计—讨论—估计方法）。企业会仔细选择公司内部（也可能是外部）的技术专家，并让该专家组讨论预先指定的问题，预测技术发展的未来。在讨论结束时，请每位专家写下他们对各种问题的意见。收集并公开展示这些意见。接着，展开额外的讨论，特别是在一些意见存在分歧的领域。经过几轮讨论之后，专家通常达成一致的共识。这种方法已被证明可有效地用于预测,不仅预测技术,也可预测市场。

增长曲线:大多数的技术开发在其周期中都遵循着一条可预测的增长曲线,或是S形曲线(见第四章的图4.8)。两条轴线分别是衡量性能的指标(垂直)和成效或时间(水平)。

增长曲线或S形曲线通常显示,技术的早期进展一般都相当缓慢,之后会达到一个转折点,接下来的很多年,产品性能会有明显的、快速的改进。但是随着技术的成熟,它的进展会再次减慢下来,因为提高性能会变得更加困难。如果企业可以找出产业技术上的S形曲线,则可将其作为技术预测的基础,并推算到未来。

案例:某家生产反渗透过滤设备的制造商,专门制造城市水净化设备。在过去的几年中,此类过滤器的性能有了相对稳定的改善。技术人员多年来测定过滤器的性能(对于既定的压力差,每平方米每分钟的水量),注意到这些过滤器的性能改善几乎呈线性,即更多的水可以被相同大小的过滤器过滤。外推曲线表明了未来几年这种技术性能可能会是怎样,还有怎样的新产品和新的功能将在技术上(和经济上)可行。

案例:众所周知的摩尔定律(Moore's Law)是S形曲线的一个特例。它描述了计算机硬件历史的长期趋势。自从1958年集成电路发明以来,放置在集成电路上的晶体管数量呈指数增加,大约每两年翻一番。

类比预测:通常来说,其他行业技术领域的情况可以帮助企业了解自身行业可能发生的事情。因此,绘制相关的技术增长曲线或S形曲线,观察其形状和模式,可用它来预测企业自身技术的未来。

做一个"头朝上"的公司

某家大型跨国公司的高管曾说:"我们是一个'头向下'的公司,就像一个农夫在犁后吃力地走路,头向下,盯着犁。时不时地,我们会停下来,在田间伸直身体,看看周围的环境,以及我们身处何处、走向何方。虽然这不常见,但是我们必须要成为一家'头朝上'的公司!"那么,你的公司属于哪类呢?头朝下,努力地跟着并看着犁,还是头朝上?怎样做才更像一个"头朝上呢"的公司?

不要盲目片面——采用外围视觉

许多公司由于意外事件而变得盲目片面。第一,这些公司及高管似乎没有意识到他们即将面对的事件和趋势,而这些趋势可能对企业造成损害,也可能提供机遇。在一项战略调查中,三分之二的公司承认,在过去五年内,有多达三次的竞争性活动使它们措手不及,而97%的公司缺乏预警系统。第二,即使它们看到即将面临的趋势,但是许多公司似乎不愿意或无法采取行动,就像车灯前的麋鹿般瘫痪了。

案例:美泰儿(Mattel)是世界上最大的玩具制造商之一,拥有芭比娃娃的品牌(Barbie Doll)。它当时没有意识到,9到13岁的女孩会早熟,想更像她们的姐姐一样。因此，她们的成长超越了芭比娃娃，而转移到更精致的娃娃，如贝姿娃娃(Bratz)。经历了几十年的繁荣之后，芭比娃娃的销售额因此急剧下滑，似乎进入了沉睡期。为何美泰儿的市场调研忽略了这一趋势？为什么他们如此盲目片面？如果他们留意到这一趋势，那为何不采取行动呢？

案例：在过去70年里，杜邦(DuPont)发明了许多家喻户晓的聚合物：尼龙(Nylon)、奥纶(Orlon)、涤纶(Dacron)、莱卡(Lycra)和特氟隆(Teflon)。随着时间的推移，专利到期了，其他公司也开始在这些市场上竞争。但是，杜邦的管理层没有意识到这一新的巨大的威胁：来自亚洲的低成本聚合物。相反的，杜邦做了一个不明智的决定，退出他们首创的传统聚合物市场！这个决定使得杜邦没有充分利用其生产力，生产成本增高，并且更容易受到较低成本产品的影响。一个更可行的战略应是聚焦于杜邦已有的聚合物。企业在这方面拥有技术上的领导地位，也可利用其地位，在亚洲建制造厂以追求更低的成本。这是许多传统的美国生产商发现自身处于劣势时所采用的有效策略。现在，杜邦试图努力重塑自身，虽然它已与当时技术和产品创新的领导者地位相距甚远。

最大的危险是你没有看到的危险。预测到威胁和机遇都需要有强大的外围视觉。与美泰儿不同的是，另一家玩具公司因为有好的外围视觉，意识到了孩子们正在更快地成熟，因而取得了成功。

案例：在整个20世纪90年代，丹麦的乐高(Lego)管理层清楚地意识到，小男孩们正在更快地长大。他们想要像哥哥一样，在电脑上玩游戏。对于像乐高这样的积木制造商来说，这可能是打击性的。事实上，乐高在之后几年的销售额和利润都下降了。

但是从20世纪90年代开始，乐高的管理层试图制订战略，明确新的领域。他们希望利用其品牌、分销网络和忠诚的客户群取得优势。接着，针对教育工作者，他们尝试着推出了一个计算机教育产品，但结果不是很理想。不过，管理层并没有放弃。不久后，他们就有了战略性的突破：将遥控和电子与乐高模块砖的概念结合起来，推出了乐高机器人(Mindstorms)，大获成功。登录乐高网站，看看乐高机器人的产品，它们充满了想象力、容易区别、好玩、价格更高，同时家长也可从中得到乐趣。它与大多数人小时候玩的乐高积木相距甚远！

乐高没有止步于此。它们最新的服务产品是一个在线的数码设计师。这让儿童可以使用在线软件（很像CAD）设计自己的乐高玩具——一架飞机、一艘宇宙飞船或一个建筑物。然后这个软件会对其设计进行反向工程，创建零件清单、装配说明和盒子（孩子甚至可以设计盒子的封皮）。它还会显示价格和交货日期，父母也可以订购孩子刚刚设计的玩具。不仅如此，这个新的玩具产品会在乐高的网络社区上展示出来，成千上万的孩子们都可以欣赏到它。毋庸置疑，它成为乐高产品线上的标准商品。除了让客户帮助设计产品，乐高的管理层终于明白了目标客户的真正需求。所有这一切都帮助企业摆脱盲目片面！

对比乐高与美泰儿，我们发现乐高的管理层不仅没有忽略这些威胁，而且还采取了应对措施。经过几次不太成功的尝试后，他们将严重威胁转变为了巨大商机。企业的外围视觉和采取行动的意愿得到了好的回报！

以下是企业在做外围视觉的操作时应考虑的主要问题。

- 企业所在的市场或行业发生了怎样的变化？它们的影响是什么？带来的是机会还是威胁？有多大影响？企业是否采取相应的措施？
- 在企业所处的行业中，有谁能够发现预先警告，并对其采取行动？当然，你的一些竞争对手似乎在行业中领先。它们是谁？它们现在在做什么？
- 企业过去的盲点是什么？以前是否有错过的趋势或事件？在什么领域（市场、竞争对手、技术）以及为什么？
- 是否有来自另一个行业的相关类比？例如，转基因食品行业的经历应该为其他新的、有争议的技术领域（如纳米技术）的管理层提供有用的见解。

- 外围客户（相邻市场的客户和之前的客户）和非直接的竞争对手是怎么说的？
- 怎样的前景会确实伤害（或帮助）企业？
- 有没有一个无法想象的未来的前景？

突破性技术的潜在影响

突破性技术有可能给一个行业带来重大的调整。它往往发生在一夜之间，并且常常没有被留意到。对于那些留意到并采取行动的人，突破性技术可为其创造新的机会——新领域或新业务。但是突破性技术通常难以预测，而它对企业收入的影响更难以知晓。因此，对于技术和行业趋势分析，以及制订战略，突破性技术带来了一定的挑战。

20世纪，突破性技术出现时，在行业中占主导地位的90%的企业都忽略或错误地理解了这一现象。这些占主导地位的企业严重低估了新技术带来的影响，也没有制订战略，因此这些企业在新技术掌权后也失去了主导地位。这一现象被称为"成功的暴政"，即一开始帮助企业获得成功的事物，也为其播下了未来失败的种子。这些企业变得自满，开始坚持自己的做事方式，大量投资旧技术及相关操作（例如，制造设备）。这是一个世界性的难题，我们可以看看下面的证据。

- 整个瑞士钟表业几乎一夜间被电子手表打倒了。瑞士钟表业未能制订有效策略，当电子计时业转向日本时，它们只能袖手旁观。

- 电子手持计算器的出现严重打击了主流的计算器制造商。他们刚在几年前推出了计算尺和加法机，但没有一个制造商转向电子产品。

- 静电式复印机的出现严重打击了传统的复印行业，包括基士得耶速印机(Gestetner machine)、柯达(Kodak)的办公摄影和复写纸。企业办公仍然需要印刷，复印机的市场也仍然存在，但是有了一个更新、更好的方式。具有讽刺意味的是，尽管柯达公司和施乐公司(Xerox)的总部同在纽约州的罗切斯特市，彼此也只相距几千米，而且两个公司都充分了解另一方的动态，但是柯达从未推出过适合办公室的复印机产品。

- 圆珠笔的问世迅速淘汰了大多数的钢笔制造商，因此现在只剩下少数的高端钢笔供应商。

- 数码相机的出现让传统摄影产品的供应商们措手不及。两家龙头企业的销售额暴跌，柯达的电影业务大幅下降，宝丽来(Polaroid)也完全歇业了。

- 具有互动功能的互联网渐渐取代了传统的单向通信，如主流的电视网络。随着年轻人更多地将时间花费在互联网，而不是看电视上，传统的电视网络也成为历史。

什么是突破性技术？大多数的新产品都是基于已有的技术，而且通常有更好的性能，也能为客户带来更多的好处。这类的开发工作通常被称为"渐进式创新"或"持续创新"（见图3.6），在大多数行业中都很常见。例如，通过渐进式创新和产品改进，35mm相机在过去几十年来逐步改善。但是，相关的技术基本没有改变：35mm的光触底片和有快门装置的相机。随着时间的推移，它的性能可能超过客户实际需要或想要的，见图3.6中的虚线。到数码相机推出时，35mm相机已经变得更加先进，也拥有了更多功能，一般的消费者开始无法负担。

接着出现了中断，就像数码相机的情况一样，新产品基于一种全新的技术。但出乎意料的是，这些新产品与基于"旧技术"的现有产品相比，在传统的绩效指标（见图3.6）上表现得较差。实际上，在刚开始的时候，它们的表现远远低于客户的期望。但是，随着时间的推移，性能稳步提高。例如，第一台数码相机在许多方面比不上35mm相机：画面质量差，拍照容量有很大限制，打印效果也不尽如人意。但现在，数码相机的技术已经大大提高，大多数客户都很满意。

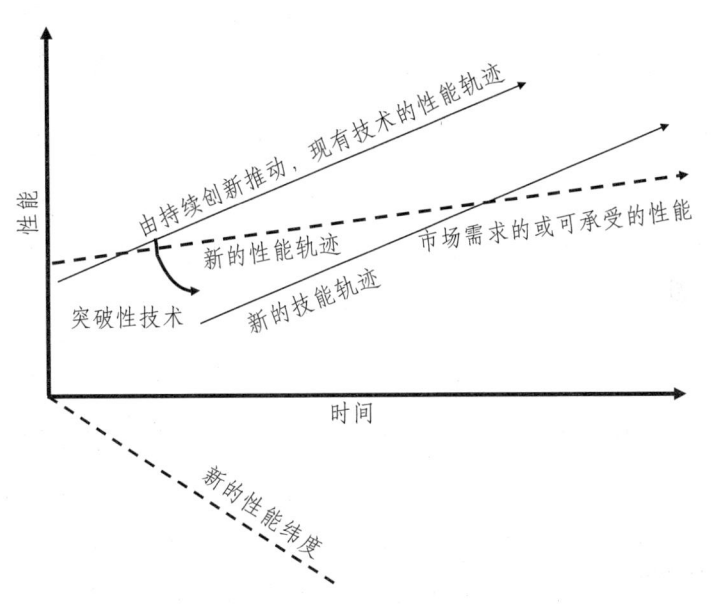

图3.6：基于突破性技术的新产品最初的表现比不上当前产品。
但新技术为客户带来了有价值的新维度（虚线）。

根据传统的测量指标，新的"突破性技术"的产品在开始时可能表现得不好，但对现有企业来说，它们为市场带来了新的性能维度或新的价值主张。因此，虽然现有的供应商和他们的大部分客户仍然在考虑图3.6中的二维平面（图中传统的产品表现得更好），新的企业和他们的客户实际上已处于三维世界。例如，虽然第一台数码相机的分辨率比传统的35mm相机低，但新技术带来的数码图片确实让一些用户喜出望外。他们终于可以传输电子照片了。这些受益的用户包括房地产经纪人和财产保险理算员，他们不再需要精美的图片或打印出来的照片。事实上，他们只需通过电子邮件，就可将很多拍摄好的照片发送到总公司或客户那里。这让他们不介意早期的数码相机存在的缺陷。无可否认的是，数码相机的早期采用者或新技术使用者只是很小的细分市场，但他们确实为随后的产品改进以及数码相机最终被主流市场接纳铺平了道路。早期的个人电脑市场几乎以同样的方式出现。

它们悄悄地来到你身边：突破性技术无疑为现有的企业带来了威胁，部分原因是它们对现有产品构成了威胁，也因为它们往往很隐秘。因为新产品通常开始表现不佳，这使得突破性技术的影响难以预测。在一开始，行业专家、产品专家、预测者和市场研究人员都普遍认为，基于新技术的产品明显劣于已有的产品，而且永远也不会流行起来。这也是宝丽来高管的最初反应，所以他们当时积极地开发传统的宝丽来相机。柯达的高管虽然意识到数码技术对其传统业务的威胁，但他们低估了它的速度和强度。由此可见，突破性技术的隐秘性，以及常被人忽略这一事实使它变得非常危险。当企业看到它发生了，再采取行动已经太晚了。

该理论的一个问题是很难预测突破性技术是否会成功，以及何时会成功。这使得一些批评家说到：突破性技术理论能够很好地解释已经发生的历史，但它对于预测未来不是很有用。例如，当手机首次被推出时，它拥有突破性技术的所有特性。它的初始性能较差，尺寸和重量不佳（使用早期的手机就像在对着砖块说话），电池的寿命也有限（以至于刚开始只有可随时充电的汽车电话）。但是手机的出现提供了新的价值——可移动性。这一特征吸引了一些用户，例如经常开车去不同地方的商人。因此手机成为了趋势，这使得手机技术不断改进，直到现在很多人甚至不再有座机。

相比之下，类似的产品，如卫星电话，同样具有突破性技术的很多特征，但经历了截然不同的命运。基于卫星电话技术，用户能够直接通过卫星与手提电话通信，并且排除了信号盲区和对信号塔的依赖。许多专家都预测它会将手机淘汰。但对于最终用户，卫星电话几乎没有什么好处。大多数消费者已经满足于现有的手机信号，而卫星电话的尺寸和体积，还有一秒的时间滞后，足以消除主流用户对它的兴趣（虽然一些偏远地区仍在使用卫星电话，例如北极或远洋船）。但是谁又能预测到手机成为大赢家，而卫星电话失败了呢？

寻找预先的信号：关键是企业不能只是因为初始产品的性能很差，就轻易地忽略突破性技术。数百家犯了这种错误的大公司有许多已经倒闭了。相反的，企业应将新技术视为一个好机会，予以监测和研究。作为行业分析的一部分，企业应确保发现潜在的突破性技术或变革创新。评估各个技术的概率和时机、潜在的影响，以及它对企业来说是否代表着机遇（或威胁）。最重要的是问"那怎么办？"企业可以或应该如何应对这个技术？以下的六条建议可以帮助企业评估预测行业中的突破性技术。

1. 持续留意企业所处行业的外部技术环境：
- 识别与企业现有技术相比，也许能更好地满足客户的技术。
- 留意行业中研究相关问题的技术人员。

2. 了解创新与更替的运作方式。新技术产生的原因有。
- 当前的技术不能满足客户的需要。
- 由于外部环境的变化而产生新的客户需要。

3. 了解原因并评估新技术是否能满足该需求：
- 在预测突破性技术时，不要先看技术，而是从客户需求开始。
- 明白客户或用户认为什么是有价值的。

4. 超越客户所要求的——找出他们真正的需求和利益，而不只是他们的要求。

5. 超越主流市场：
- 找出少数能从新方案中获益最大的潜在客户。
- 专注于细分市场，它们将是最早的采用者。

6. 实地调查：
- 与这些早期采用者进行面对面的讨论。
- 亲自了解产品的功效和潜在市场。

完成企业的 IOTA 分析

当企业列出了行业和市场中正在发生的、可能会带来新机会或威胁的事件时，可以将其整合起来。可以使用图3.7的模板创建一个"影响力表"。这称为IOTA图（IOTA为"机会和威胁影响分析"

的缩写）。这个图看起来很像**FMEA**（失效模式分析，多用于产品设计），但它是战略性的，也是针对企业的所有业务。

这项影响力分析可以分析下面的五大基本问题。

1.请列出企业所在的行业和市场中有哪些主要的威胁、重大变化和趋势、中断、危险信号、关键问题和事件？

请留意图3.7的左侧的主题区。它包括市场和客户、竞争对手、价值链成员、技术、法律和监管、社会和人口统计以及经济趋势。

领域或主题	在市场、行业、技术领域，有哪些挑战、主要改变和趋势、中断？	多大可能性？	多快会发生（时间点）？	对企业的影响——机遇或挑战？	有哪些机会——新的领域、产品种类、市场、商业模式？
市场变化和更替——企业的客户					
竞争对手及其战略的改变					
价值链成员的变化（如零售商、经销商）					
技术的变化和中断					
法律和监管的改变、事件和威胁					
社会和人口统计趋势改变					
经济趋势的变化和威胁					

图3.7：实施IOTA机会和威胁分析的影响以确定机会和新的潜在领域

2. 这些威胁、变化或事件发生的可能性有多大？它几乎是"肯定的"，例如即将发生的监管变化，或人口现状，或者，它只是"也许"或"非常不确定的"，例如新技术的出现？

3. 发生的时间点是什么呢？是此时此刻，或在一两年内即将到来，还是在遥远的未来？

4. 它对企业所在的行业、市场，尤其是对企业的经营有什么影响？它是机遇还是威胁？如果是机遇，那机遇有多大呢？它会为企业带来多少回报呢？如果是威胁，那会有什么影响呢？如果企业什么都不做，会因此垮掉吗（就像成长中早期的美泰儿，还有乐高几乎要面对的）？亦或者，这次变化、威胁或中断对企业的经营只有轻微的影响？

5. 最后，这样的分析会为企业提供怎样的机会呢？企业的战略分析指向哪些新的业务领域、市场、产品类别或商业模式？这可能是最重要的问题，需要一定的创新能力和洞察力？将趋势、事件、威胁和中断转化为机会的能力。

显然，IOTA的问题所包含的范围不是一个人能完成的，其中一些问题也需要特别深入地思考，例如第5点提到的问题。此外，寻找答案需要努力、思考和洞察力。因此，分析最好由一个高级跨职能部门处理——像企业的执行或领导团队，包括能综合数据和分析的工作人员。在这一问题上，绝对是团结起来力量大！

利用企业的核心竞争力

要从一个有力量的位置进攻！因此，战略分析的一个关键部分是内部评估，即观察企业自身，试着确认自身可以利用的独特优势。许多研究都反复强调：利用企业自身优势和核心竞争力能提高成功率和新产品的盈利能力。

许多战略家误解了核心竞争力的概念，认为它只代表企业的强项，但并非如此。企业的核心竞争力是指它比竞争对手做得更好的那方面。或者更全面地说：核心竞争力对企业开发具有竞争优势的新产品和服务至关重要。

核心竞争力具有三个特征：
- 它应该为客户利益做出重大贡献。
- 它可以被广泛地用于许多产品和市场上。
- 竞争对手很难模仿。

核心竞争力可以采取各种形式，包括技术和知识产权、可靠的制造流程、与客户和供应商的密切关系。它还可以包括有效的产品开发的能力或文化。

评估核心竞争力的要点是帮助企业找出可有力进攻的相邻区域

（相邻的市场、部门和产品类别）。这些相邻区域成为企业潜在的、新的战略领域。企业在新的相邻领域利用其核心竞争力，开发新的产品和服务，而且最重要的是，它还帮助企业获得竞争优势。

案例：某汽车燃料的管线制造商面临着惨淡的市场，正在努力寻求当前市场之外的新领域。作为其战略工作的一部分，管理层详细地评估了核心能力。他们明确了企业的许多核心能力和优势，例如熟练的生产流程和与汽车公司良好的关系。但是，当企业确认了一项工艺技术，即快速连接装置时，才取得真正的进展。该公司发明了用于其燃料管线的快速连接装置，使得汽车生产线上的组装更快速。这是一种拉片塑料接头，而不是焊接或螺纹接头，因此更快、更容易。

下一步战略操作是确定企业可在哪些领域里利用其竞争力，即这种快速连接装置。管理人员们集思广益，他们确定的一个领域是管道设备的DIY市场（你是否曾在浴室或厨房里安装新的水龙头或管道设备呢？这是一个关节重置的工作）。于是，企业开始寻找在管道领域潜在的合作伙伴，最终找到了一位乐意合作的厂商，一起开发生产了新的DIY管道设备，连一个扳手都不用就可自行安装管道！

在公司确认并开展业务的几个相邻领域中，这项管道业务只是其中之一。如果没有评估核心竞争力，这家公司可能仍然只专注于汽车行业，竭力在一个低利润的且日渐衰退的市场中挣扎。

仔细观察企业自身并评估其核心竞争力。思考企业相对于竞争对手来说，在各方面有哪些能够利用的优势：

- 企业的技术优势，尤其是产品和开发技术。
- 企业的营销、分销网络、品牌名称和销售团队优势。
- 企业的运营或生产能力、生产量和技术。

图3.8中的项目列表可以作为一个指南，评估企业的每个条目，

尤其是相对于直接或间接的竞争对手而言。然后确定你比别的企业做得更好的领域，这就是企业的核心竞争力。

这些是企业独一无二的、可利用的优势，所以现在企业可以寻找目标领域，利用这些优势开发新产品。

1. 企业相对于竞争对手的市场竞争力
   - 主要客户群的忠诚度和企业客户的关系
   - 市场中企业的品牌名称和声誉
   - 产品——质量、性能、可靠度和价值声誉
   - 分销网络和渠道（通向主要客户群）
   - 销售团队（覆盖率、技巧、声誉）
   - 营销、传媒和公关能力
   - 服务、售后和技术服务能力
   - 在特定市场的市场份额以及其总体声誉
2. 企业相对于竞争对手的产品和技术
   - 产品领先的领域，技术方面（特征、功能、产品性能）
   - 开发技术的能力
   - 获得内部或外部技术的能力
   - 特有的技术
   - 知识产权或专有的地位
3. 企业相对于竞争对手的经营能力、技术
   - 生产或经营资源、设备和能力
   - 特有的能力（成本、容量、灵活性、可靠度）
   - 生产或经营上的技术能力
   - 特有的生产技术、知识产权和保护
   - 独有的原材料渠道
   - 劳动力——他们的技术、知识和可用性

图3.8：评级项目可以作为指南，来评估企业的核心竞争力。

总结：战略评估

优秀的战略家有很多好的选择，而不明智的战略家则处于一个只有几个选项的盒子中，没有出路。在大多数情况下，管理层首先盲目地开展这项战略行动。毫无疑问的是，这样得到的战略与他们当前的战略非常类似，结果也是可想而知的——不会有真正的改善。一个好的战略分析能让企业的执行团队不再盲目，也可以找到一些潜在的战略领域，可能是他们从不知道或没有考虑过的。但要记住：这类分析毫不轻松。它需要自律，也可能需要许多人才能做好，但这个努力是非常值得的。好的战略分析可以让问题更加明朗，也是企业获得新产品机会的关键。

第四章

战略领域——正确的方法

Strategic Arenas—
The Right Approach

知道你正走向何处比知道怎样尽快到达更重要。
不要误将行动当成就。

——梅布尔·纽坎伯,1892—1983

寻找战略领域

明确的目标战略领域可以为企业的产品创新工作提供指南:"企业需要战略声明明确其开发领域,识别(或排除)那些界限外的领域。"目标领域为资源投入和部署提供了方向。它引导新产品创意的搜集工作,也帮助筛选创意和选择项目。最后,明确企业会将新产品工作集中在哪里对企业的长期规划至关重要,特别是在资源和技术获取方面。没有明确的战略领域,企业的产品创新工作就没有焦点(或错误的焦点)。

本章从第三章的战略分析转向如何明确战略领域,如何评估并选择最适合企业的领域。

太墨守成规

当企业寻求焦点时,经常犯的错误是没有选择"战略性成功的领域"。最好的战略领域通常是离自身有点距离的地方,而企业需要更多努力才能够到达——它们需要更具创新和冒险的精神。然而,高管层往往选择"长得低的果子"或简单、舒适的战略。虽然长得低的果子可能很容易就摘到，但是它们并不总是最美味的。总之，这样做的风险是倾向于保持原状，结果制订的策略往往缺乏大胆的或新的推动力。因此，虽然许多企业进行过战略操作，但最终得到的只是空话或防御性的战略——仅仅是保卫或加固原有领地的战略。

案例："我们按照这个模式制订了创新战略，"某业务部门的研发经理告诉我们，"确定了潜在的战略领域，分析每一个选项，然后选择了最佳的匹配结果。但问题是：我们只是更精细地"切割"了当前的业务和市场。最终结果是，我们仍然聚集在原本所在的领域，似乎没有从盒子中跳出来。"

显然，企业有时候需要采用"保卫原有领地"的战略，我们也不是建议每个企业在制订创新战略都应该冒险离开原有的领域。回顾第一章中苹果公司和宝洁化妆品的例子：管理层如何勇敢地确定新的战略领域，专注于与自身业务相邻的领域。这些领域既可以利用公司的核心竞争力和优势，但同时，这些领域对这两家公司来说也是相对新兴的领域（苹果公司的MP3播放器；对宝洁公司来说，则是让女性看起来更年轻的化妆品）。

根据创新战略的定义，企业需要有创新意识和创业精神。这可能意味着将要迈入新的水域，或在新的滩头登陆。那就这么做吧！第一章介绍了成功创新的四个主题之一是进攻策略（而不是严格的防御）。这意味着企业要向新的领域进攻，努力占据一个位置，而不是简单地保卫一个位置。专注于新领域的进攻战略不一定是每个企业都适用，但是当企业决定聚焦领域时，应优先考虑进攻战略。

图4.1可以帮助企业明晰新产品的工作应聚焦在哪些领域。在图中，垂直轴表示技术的新颖性（企业是否熟悉这种技术），水平轴表

示市场的新颖性（企业是否熟悉这个市场）。图上标示出不同的领域。其中，图4.1右上角的是最突出、最大胆的，也是最具危险性的领域。就新的市场、新的技术而言，好的战略家会寻求一个平衡的领域。

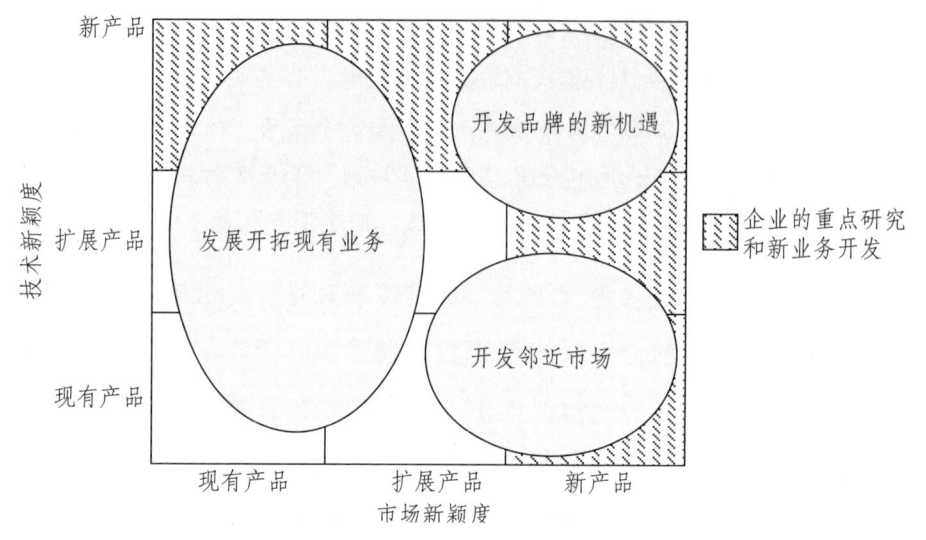

图4.1：技术—市场新颖度图可帮助企业明晰研发工作专注的领域类型。在康宁的案例中，阴影区域是它新的重点领域。

案例：康宁(Corning)是玻璃行业中领先的创新企业。如果参观位于纽约的康宁公司博物馆，看看他们生产玻璃的历史，就会发现：康宁发明了耐热玻璃(Pyrex)、催化转换器(Catalytic converter)，甚至光纤。但随着光纤市场在2000年高科技危机中的崩溃，康宁的销售额下降到不及原来的一半，股价也几乎一夜之间从110美元骤跌到一美元多一点。之后，公司发现了新技术和市场机会，可以将自身优势发挥出来。请注意，在考虑这些新选择时，康宁的管理层不仅仅关注当前的业务、直接和相邻的市场领域。相反的，他们运用了图4.1中的模式，制订了一个大胆的战略，寻求产品、业务扩展和新的市场（相邻市场）的均衡。对于公司来说，这几乎是全新的技术和市场。

到了2007年，每个业务部门都有了主要的创新项目：四个新的业务平台和三个主要的相邻市场。新产品销售额增长到了企业收入的70%，而康宁从亏损5亿美元飙升至盈利超过20亿美元。

什么是新产品领域

企业如何定义战略业务领域？我们认为战略领域是企业决定投入创新资源的一个或几个领域，包含产品类别、市场、细分市场、行业部门、技术或制造过程。在本书中，我们有时用"重点领域"或"目标领域"来指战略领域。一个公司可能选择一个或几个战略领域，作为其创新战略的一部分。通过选择战略领域，企业可以更有效地集中其有限的资源，瞄准更好的机会。

企业有许多不同的方式思考选择领域，因此在选择方法时企业需要灵活变通，并选择适合自身的方法。

产品市场矩阵(The Product-Market matrix)：产品市场矩阵是确定战略领域的形象化的方法。企业需要构建一个二维矩阵确定新的业务领域，如图4.2和图4.3所示，其维度为"产品"和"市场"。"市场"维度包括企业当前市场和相关或相邻的市场。"产品"包括企业当前的产品，以及相关和相邻的产品类型。例如，与企业现有产品类似的商品，或者现有生产设备上可生产的产品，或使用熟悉的或内部技术开发的产品。矩阵中的每格都表示为了满足该市场中的需要，企业可以开发的产品，也代表了可以利用的机会，即可能的战略领域。

案例：回顾上一章汽车燃油管道制造商的例子，当时它正面临着衰退的市场。企业的核心能力评估显示，它特有的快速连接拟合技术是它可以利用的优势。因此，管理层集思广益，讨论可以在哪些方面运用这种技术，从而确定了一些可能的市场和用途（见图4.2），其中包括管道、电器、计算机和医疗设备。除了连接器产品以外，公司还生产管材、组件和模制塑料产品，由此得到了以下的产品市场矩阵。产品市场矩阵将具体的潜在领域标识出来，管理层也明确了可以将产品创新的工作集中在哪些领域。企业选择了其中几个领域，包括后来在DIY管道设备的市场上大获成功的管道产品。

	新的相关的市场								
		电器	温泉浴场	管道	天然气	发电设备	电脑设备	海上业务	医疗
产品种类	连接器产品	快速连接进风口	快速连接装置	快速连接设备	快速连接装置		快速连接制冷管道		快速连接装置
	管道产品	塑料/金属管	塑料管道	塑料管道		立方体管道	塑料管道	立方体管道	塑料管道
	模制塑料产品								
	装配系统	装配设备	捆绑材料			制冷系统			

图4.2：管道制造商使用产品市场矩阵来识别相邻市场的潜在区域。左边是产品种类，顶部是市场。每一格代表有许多潜在新产品的领域。

案例：挪威的一家电话公司，Telenor，用产品市场矩阵将战略选择可视化，明确要集中新产品工作的领域。矩阵的一个维度是"市场"（见图4.3左侧）：SoHo（小办公室，家庭办公室）、商业区域、住宅区域。另一个维度是在表格顶部的"产品"：语音、流量、互联网、无线。这个10×10的矩阵（未在图中完全标出）标识了100格，每格都是可能的领域。有些不可行的领域可以立即被排除。企业可以评估剩余的单元，确定优先顺序，然后大力将产品开发工作集中在最优先的领域。

		产品		
		语音	流量	互联网
市场	SoHo	✔		✔
	中等企业			✔
	大型企业		✔	✔
	跨国公司		✔	
	住宅区域	✔		

- 图的轴是"产品"和"市场"
  - 产品为公司现有的，或相关/相邻产品
  - 市场为公司现有的，或相关/相邻市场
- 每一格都代表潜在的战略领域
- 企业会评估每一个领域的潜力和公司经营的位置
- 标示出有优先级的领域——企业会将新产品工作集中在哪些领域

图4.3：电话公司使用产品市场矩阵识别其服务产品开发的潜在领域。

客户群体、客户需求和技术：产品市场矩阵可以更进一步地在三个维度上定义企业的业务或战略领域。

1. 针对的客户群：对于计算机制造商而言，它的客户群包括银行、制造商、大学、医院、零售商等。

2. 针对的客户需求：包括硬件设备、支持和服务、软件、数据存储等。

3. 使用的技术：对于数据存储，可以使用几种现有和新的技术。

综上所述，企业得到一个三维图，可在这个三维空间中找到新产品的领域。

克劳福德的类型学(Crawford's typology)：一项创新章程的研究指出，管理人员在实际操作中有几种明确新产品领域的方式。领域可划分为（以一家工业泵制造企业为例）：
- 产品类型（例如，高压工业泵）。
- 最终用户（化学品处理商或分销商）。
- 使用的技术类型（往复式、离心式、磁流体动力式）。
- 最终用户组（炼油厂、聚合物公司）。

事实上，这些领域划分方式的每一种都有缺陷。例如，产品类型的划分方式有限制，因为产品类别或者产品类型正逐渐消失。同样的，最终用户组的划分方式可能会将企业带入多种不相关的技术、产品和生产系统中。

"谁，什么，如何"方法(The "who, what, how" method)：回顾以上几种和其他的确定业务领域的方法，可以发现，一种维度的方法通常过于狭隘。而上文提到的二维或三维的方法可能更适合大多数企业，例如按照以下维度确定企业的产品创新领域。

1. 谁：要提供服务的客户群体（市场或细分市场）。
2. 什么：用途（或要满足的客户需要）。
3. 如何：为了设计、开发和生产产品所需的技术。

这三个维度——谁、什么和如何——是描述新产品领域的起点。有时，后两个维度，"什么"和"如何"，可以简单地组合成一个维度，即产品类型。产品类型也可以带回到上文提到的产品市场矩阵中。

行业中经常使用的维度：通常最简单的方案也是最好的。这是管理层最常使用的明确战略领域的方法。
- 客户群（市场、部门）。

- 行业部门。
- 产品类别（消费品）或产品类型。
- 客户需求（客户需要的功能，例如制造商、加工商、分销商）。
- 解决方案所需的技术。

选择领域

让我们更仔细地观察企业是如何寻找战略领域并决定其先后顺序的。在下面的叙述中，我们将以Chempro为例进行说明。Chempro是一家中型的纸浆和造纸加工设备（搅拌器和搅拌机）制造公司[①]。我们可以使用一个二维或三维的图寻找评估企业的战略领域，也可以使用图4.2或图4.3所示的产品市场矩阵，或其他适用的维度。

明确Chempro的战略领域

Chempro的例证：公司的主要优势是它擅长设计制造旋转液压设备。它非常重视技术，将原本范围有限的搅拌器设计艺术变为了一门科学。企业针对的是纸浆和造纸工业，产品可用于搅拌液体和浆料。

---

① 这是一家真实的公司，但是一些细节没有披露出来。

Chempro的管理层运用了上述"谁、什么和如何"的方法，用客户群体、用途和技术的三个维度来表示图4.4中的X，Y和Z轴。企业确定了当前领域，然后沿着各个轴通向其他（但相关的）领域的客户群体、用途和技术，由此寻找到其他机会。

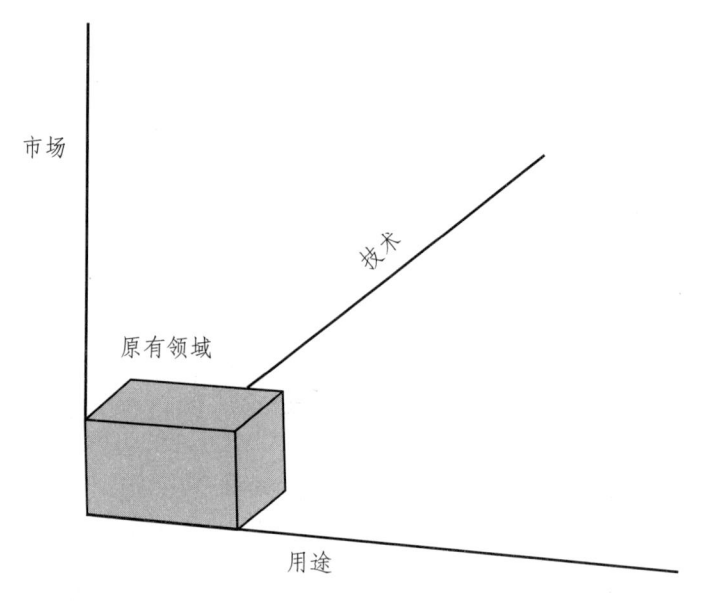

- 原有领域指当前市场当下技术和现有用途
- 从当前领域向各个方向移动寻找邻近领域

图4.4：在Chempro的例证中，企业使用"谁、什么和如何"三维图明确潜在的战略领域。

对这个公司而言，存在哪些新产品领域呢？显然，当前的市场是其中之一。在纸浆和造纸领域里，该公司也的确在积极地寻求搅拌设备的新产品创意。但如此一来，大多数的机会仅限于产品的修改和改进，而当前市场的需求却有些停滞不前。

高管层可以采纳的一个方向是开发针对相关但新的客户群的产品。这些客户群体包括化学、食品加工、石油炼制和水力冶金领域。

这些选项都列在图4.5的顶部。

类似的，企业也可以寻找相关用途的新产品。这些相关用途包括流体泵送、流体通风装置以及精炼和研磨，如图4.5的纵轴所示。

管理层通过考虑这两个维度——不同的用途和不同的客户群，确定了一些新的领域。企业从得出的二维矩阵（见图4.5）中可以看到，除了原有领域，还可以考虑在其他12个领域投入新产品工作。例如，Chempro可以开发针对化学或石油工业（新客户群）的混合搅拌设备（相同用途）。或者，企业可以开发针对其当前客户（纸浆和造纸公司）的通风设备（新应用）。每一种可能性都代表了Chempro的一个新领域。

邻近市场

		纸浆和造纸（原有领域）	化学处理行业	石油炼制	水力冶金
现有技术可生产的产品	搅拌器	原有领域：纸浆和造纸行业的搅拌器	化学搅拌器	石油储存罐的搅拌器	水力冶金的搅拌器
	通风设备	纸浆和造纸的通风设备；废物处理	化学废物处理工厂的通风设备	化学废物处理工厂的通风设备	浮选槽的通风设备
	湿法精炼和研磨	碎浆机、精炼机			湿法精炼设备
	专业管道	高密度纸浆泵	专业化学泵	专业石油泵	泥浆泵

图4.5：Chempro的管理层使用一个二维矩阵来标示可能的战略领域。

Chempro公司可以在图4.4中的第三维度上移动，即从它原有的旋转液压技术移动到其他技术。如果在第三维度上技术的选择有重叠，那么结果会是有更多可能的领域。沿着"新技术"轴，企业可选择的包括用于不同终端用户的磁流体动力泵和搅拌器、用于食品行业的生物氧化或废物处理等。（请注意：此第三维度的拓展未在图中显示。）

选择正确的领域

现在要做的就是将许多可能的领域缩减到一组，即企业可以专注创新战略的领域。在一定程度上，这些领域已经预先被筛选出来了，因为它们在三维图中的至少一个维度上，被认为与原有的业务相邻或相关。

现在，可以通过以下三个淘汰问题排除任何不合适的领域，长列表也可以缩减成一个更短的列表。

1. 这个领域处于企业的战略前景中吗？或者，它距离原有领域很远，即使用一些想象力和调整后的战略，它仍然在界外吗？要努力对这个淘汰问题保持开明的态度，否则企业最终会带着"相同"的战略回到自家的后院。

案例：一家爱尔兰啤酒公司正在确定潜在的战略领域，以便集中其产品创新工作。它找到了一些相对标准的市场，例如"不喝我们品牌的女性"和"对伴侣的愿望特别敏感的潮男"。包装创新也是一个领域。但是有一个领域远远地偏离了企业原有的位置，即爱尔兰酒吧的连锁店，类似于麦当劳或汉堡王。毕竟，公司有一个全球公认的品牌名称，几乎是爱尔兰酒吧的同义词。在它当时的母公司旗下，还有一家姐妹公司涉足连锁经营（汉堡王），那为什么啤酒不能连锁经营呢？经过一番讨论，管理层认为连锁领域对于这家啤酒公司来说太远。其他管理层可能有不同的意见，但是它的母公司，帝亚吉欧(Diageo)，后来出售了汉堡王，更加专注地从事酒精饮料的业务。

2. 这个领域真的可行吗？是企业可以发展的业务吗（也许合作伙伴提供一些外部的帮助）？还是太大，或对企业来说难以企及？

案例：ITT公司认为"以创新的方式处理弱无线电信号"是它的核心竞争力。这个业务部门制造GPS卫星，而且在用少量电力来处理微弱信号方面有很多经验。这种能力的一个常见应用是手机，即用更巧妙的系统代替功率大且效率低的无线电信号传输塔。这可以显著地提高接收信号的能力，降低功率费用。这个领域实际上使长列表缩减了，但最后却被否决了，因为"太大了，我们没有能力做"。

3. 这个领域是否符合公司的价值观、道德准则和哲学？通常公司都有它们的道德准则或哲学论述，通过此，可以排除一些类型的业务。

通过以上的淘汰问题，保留下来的那些领域组成了一个"短名单"。通常它会被进一步压缩，因为一些相似的领域可以轻松地组合在一起。

两个关键的战略维度

归根结底，企业要选择正确的领域，重点是观察各个领域在两个关键维度上的表现。它们是公认的产品创新战略是否会成功的标志，我们对新产品战略的研究也证实了这一观点。这两个关键的维度是

"领域吸引力"和"企业优势",如图4.6所示。

```
两个关键的战略维度
1. 领域吸引力
   • 领域中有多大的机会?
     A. 市场吸引力
     B. 技术机会
   • 一个外部的衡量标准
2. 企业优势
   • 在该领域中,企业怎么表明它会是一个有力的竞争者?
   • 企业的相对优势和地位
   • 企业是否能利用它的核心竞争力?
   • 一个内部的衡量标准

用以上两个维度来衡量每一个潜在的战略领域
```

图4.6:这两个关键的战略维度可用来评估潜在的领域。两者都是推动产品创新成功的驱动力。

1. 领域吸引力:这个战略维度是外部导向的。它显示出在该领域内,外部机会的吸引力有多大。这个战略领域是非常肥沃的,新产品很有可能盈利呢?还是这个领域比较贫瘠,没有什么创新和增长的机会呢?这个维度包括:

• 市场吸引力:在该领域内,市场机会的规模、增长和潜力;
• 技术机会:在该领域内,技术和新产品机会存在的概率。

在实际操作中,领域吸引力是一个综合指数。它包括用一些具体的标准评估领域,了解新产品市场的增长、规模和潜力。图4.7是一个典型的标准列表。企业应该按照自身业务和行业的需要调整此列表。再根据这些标准对每个领域评估后,企业可以将分数汇总以得到领域吸引力指数。那些在成长中的、有很大潜力的,并且有技术弹性(有不断变化的技术,以及推出很多新产品)的市场往往在领域吸引力上得分很高。

> 领域吸引力
> A. 市场吸引力
> • 该领域的市场大小（交易量）
> • 该领域中，产品的潜在消费者的数量
> • 市场增长率
> • 竞争强度和能力（负面的）
> • 竞争对手获得的利润
> • 该领域中，市场的长期潜力
> B. 技术机会
> • 该领域中，技术的改变频率（成熟、停滞＝不佳）
> • 该领域中，新产品推出的频率（很少，停滞＝不佳）
> • 技术弹性：
> —该领域中，开发新产品的机会
> —对未来新产品的投入会带来产品性能的明显改善吗？
>
> 用以上问题来评估潜在领域。
> 这是图4.10战略图的竖轴。

图4.7：维度1是"领域吸引力"，其中包括上述详细标准。

图4.7中衡量技术机会（开发新产品的潜力）的指标是技术弹性。图4.8中的技术S曲线可以帮助企业评估各个领域的可能性。技术弹性是技术S曲线的斜率，而这个曲线描绘了产品性能与企业为此投入的开发成本之比。技术弹性帮助企业明确了这个问题：在该领域中，产品开发的每一美元投入会带来产品性能的明显改善吗？

2. 企业优势：这一战略维度更加专注于企业自身，主要指企业在某个特定领域取得成功的能力。换句话说，企业怎么证明它将会在这个领域里取得成功？这里关键的理念是：在新的领域中，企业要利用其核心竞争力作为它的优势获得独有的进攻位置。企业优势也是一个综合维度或指数，主要包括三个因素。

- 利用技术（开发和运营）的能力。
- 利用营销和销售团队的能力。
- 战略性地利用潜力实现产品差异化，获得竞争优势。

- 寻求最大的投资回报率
- 产品提高的性能（或差异性）与企业投入的工作、时间和累计研发之比
- 弹性：产品性能的改善与企业投入的比例

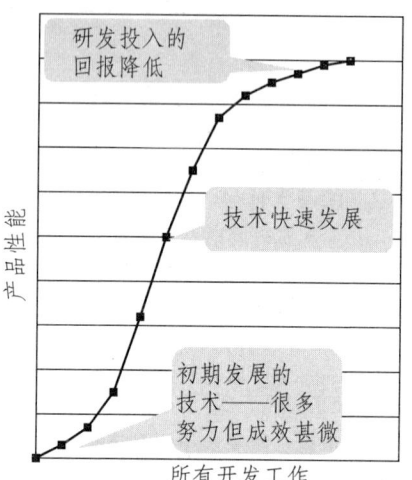

图4.8：技术S曲线显示了随着技术的进步（和更多的努力），产品的性能如何提高。这条曲线可以很好地评估各个领域的技术机会：陡峭的部分会为企业带来最大的回报。

图4.9更详细地显示了企业优势这一维度的标准列表。

企业优势

A. 利用企业的技术竞争力、优势和经验
- 利用企业在该领域中的开发技术和资源（技术、知识产权、研发和工程技术）
- 企业现有的生产流程和技术与该领域所需的生产流程是否契合

B. 利用企业营销的优势
- 利用企业在该领域中现有的销售团队和分销渠道
- 利用企业在该领域中现有的客户关系
- 利用企业在该领域中的营销传媒、品牌名称、推广资源和技术

C. 战略性地利用潜力来实现产品差异化，获得竞争优势。
预想在该领域企业会开发的新产品时，可考虑以下问题：
- 新产品会有竞争优势（或有差异化）吗？
- 新产品会比竞争产品更好地满足消费者需求吗？有一个吸引人的价值定位吗？
- 它们在该领域中会对消费者或用户有大的影响力吗？

图4.9：维度2是您的"企业优势"，其中包括上述详细标准。

如果一个领域是基于企业特有的核心竞争力，而且与企业的营销、技术优势和资源相契合，还可以帮助企业获得产品和竞争优势（或实现产品差异化），那么该领域在企业优势这一维度上将会得分很高。

获取信息

到了这里，管理层往往会利用这两个维度为各个领域打分。在我们举办的一些会议中，高管们甚至想当场进行"投票"。但他们很快就发现，除了那些与企业原有领域相近的选项外，他们无法选择，因为他们完全没有评估所需的数据。

信息的价值在于它优化了企业的决定，也带来好的经济回报。有什么比选择正确的战略领域并获得经济回报更重要呢？因此，企业需要有小型的团队努力收集必要的信息，帮助管理层对这些领域做出明智的决定。

这类小型团队通常由三种人群组成：技术人员、营销人员和运营人员。他们的任务是快速获得信息。图4.7和图4.9显示了详细的标准，可作为高管层所需信息的指南。通常，企业可以按图所示构建信息模板。

在四到八个星期的数据收集之后，每个小型团队会准备一个领域的缩略草图，并将其呈现给高管层。高管们可以更好地根据图4.7和图4.9中所示的两个关键维度，评定战略领域列表中的选项的级别。

战略图：规划战略领域

各个领域在两个维度上的得分可以用"领域评估图"表示出来，如图4.10所示。它也被称为战略图。战略图的竖轴是"领域吸引力"，横轴是"企业优势"，结果将图分成了四格。它与传统的业务组合模型类似，但是有不同的维度和它的组成部分。

每一格都代表了不同类型的机会。

- 最好的选择——图右上方显示的领域。这些是企业应该专注其产品创新或研发工作的领域。它们代表了一个积极的外部环境（有吸引力的市场和技术发展的机会），并且企业有机会在该领域中利用其核心竞争力。
- 保守的选择——图右下角显示的领域。这些是企业有优势的传统领域，但新产品开发和增长的机会不多。这些领域没有很大的风险，提供的回报也有限。如果企业的原有领域处于这个位置，则可以采取"保卫原有领域"的战略，并寻找其他成长的领域。
- 高风险选择——图左上角显示的领域。它们非常有吸引力，但企业在该领域中几乎没有优势可言，但可以考虑用有限的投入探索这些领域，或者采用合作的入市策略。
- 不要选择——图左下角显示的领域。这些领域机会很小，企业不要在此投入或进入该领域！

战略图

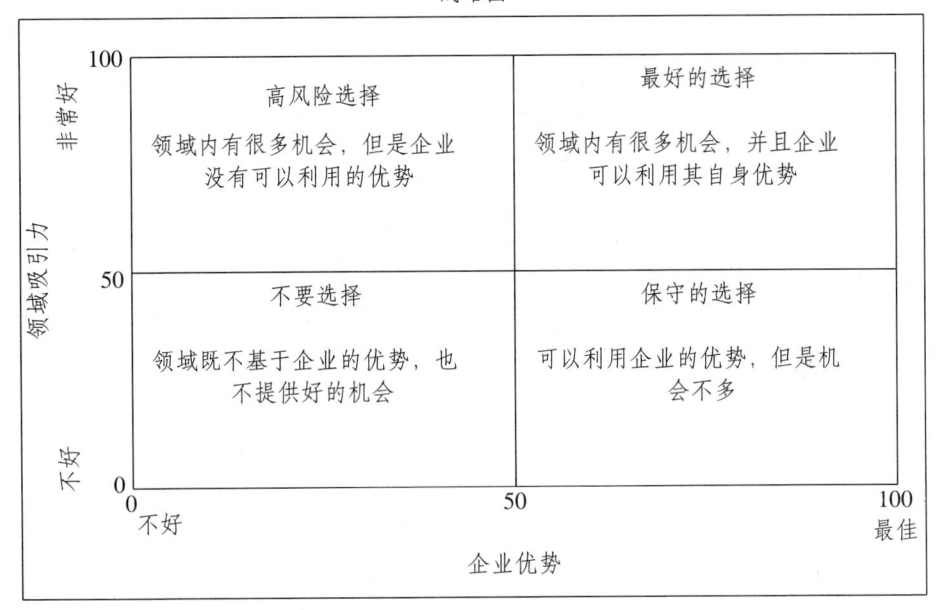

```
领域吸引力
非常好 100 ┬─────────────────┬─────────────────┐
            │ 高风险选择       │ 最好的选择       │
            │                 │                 │
            │ 领域内有很多机会，│ 领域内有很多机会，│
            │ 但是企业         │ 并且企业         │
            │ 没有可以利用的优势│ 可以利用其自身优势│
        50 ├─────────────────┼─────────────────┤
            │ 不要选择         │ 保守的选择       │
            │                 │                 │
            │ 领域既不基于企业 │ 可以利用企业的优势│
            │ 的优势，也       │ ，但是机         │
            │ 不提供好的机会   │ 会不多           │
不好     0 └─────────────────┴─────────────────┘
            0                50               100
           不好                                最佳
                         企业优势
```

图4.10：评估各个领域的两个关键维度：领域吸引力和企业优势。
接着在图中定位各个领域，得到企业的战略图。

管理层运用战略图可以马上排除一些领域（"不要选择"的领域），并从其他三个领域中选择合理的领域组合。右上角的"最好的选择"通常是最优的项目。

案例：评估Chempro的领域：当Chempro的管理层面临着公司技术和财政资源短缺的问题时，他们简化了战略领域的评估。Chempro的主要核心竞争力是其设计和制造旋转液压搅拌设备的能力，因此公司认为采用新的、昂贵的技术（如生物氧化）是不可能的。由此，图4.4中的第三维度，即新技术，没法通过"可行性"这一淘汰问题。此外，鉴于企业现有的技术是其独特的优势，也有很多发展机会，高管们选择坚守现有的技术，从有力的位置进攻。所以，Chempro的战略图中删除了第三维度"新技术"，从而得到了

图4.5中的二维矩阵。

接下来，企业收集了12个领域加上企业原有领域的数据。因为Chempro是一家中等规模的企业，人力资源有限，所以有些小型团队需要研究几个领域。管理层还雇佣了一家外部的调查公司，帮助搜集数据。

在战略会议上，各个小型团队和高管们根据"领域吸引力"和"企业优势"这两个关键维度评估12个领域和企业的原有领域。他们采用了评分问题列表。该评分问题列表与图4.7和图4.9所示内容类似。将每一个评分相加，得出13个可行领域的"领域吸引力"和"企业优势"指数。用这两个指数，可以将13个领域在X-Y坐标图上绘制出来，得到Chempro的战略图，如图4.11所示。

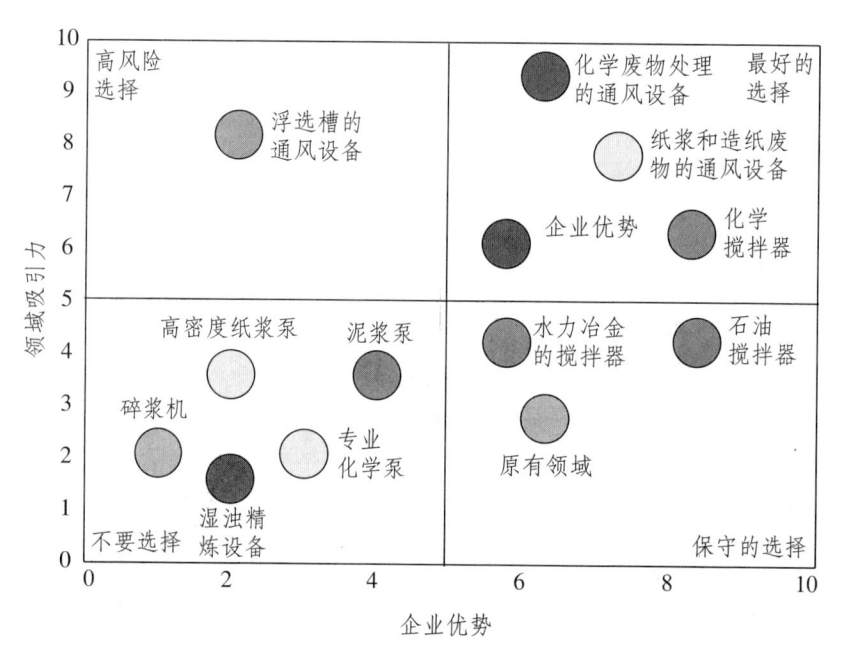

图4.11：Chempro的战略图清晰地表示了各个领域在两个关键战略维度上的表现。

挑选正确的领域

战略领域的选择取决于管理层认可的风险回报价值。企业只应选择战略图上半部分的那些领域——最好的选择和高风险选择，因为它们都强调了外部的机会。高风险选择可能意味着高回报，但风险高的战略，完全没有考虑"企业优势"的维度。另一个极端是选择竖轴最右侧的领域——最好的选择和保守的选择。保守的选择着重选择企业擅长的那些领域，是一种低风险，也可能是低回报的战略。

在理想情况下，企业会寻找两者的结合。

- "领域吸引力"和"企业优势"评分都高的领域，在图4.10的右上角；
- 一些有吸引力但风险较高的领域和一些风险较低但不太有吸引力的领域的结合。

案例：就像Chempro的例子，六个领域在"不要选择"范围内，包括所有泵的领域。它们立刻被排除了，但另外六个领域在两个维度上都得分较高。为了确定领域的数量并将其排序，企业绘制了45度对角线（或称截止线），如图4.12所示。在这条线上面和右面的领域被认为是好的，而左面和下面的领域是企业不考虑的。测量每个领域与该线的距离。距离越大，该领域越理想。

基于这个方法，三个"最好的选择"和一个"保守的选择"被确定为Chempro的目标领域：

- 化学行业的通风设备（废水处理）。

- 石油行业的搅拌器。
- 化学工业的搅拌器。
- 纸浆和造纸行业的表面通风设备。

此外，管理层决定以一个相对防守的态势继续在原有领域寻求新的或改进的产品。通过战略图的方法，企业完成了战略开发的第一阶段。管理层可以着重于选择的战略领域，作为他们的优先事项。

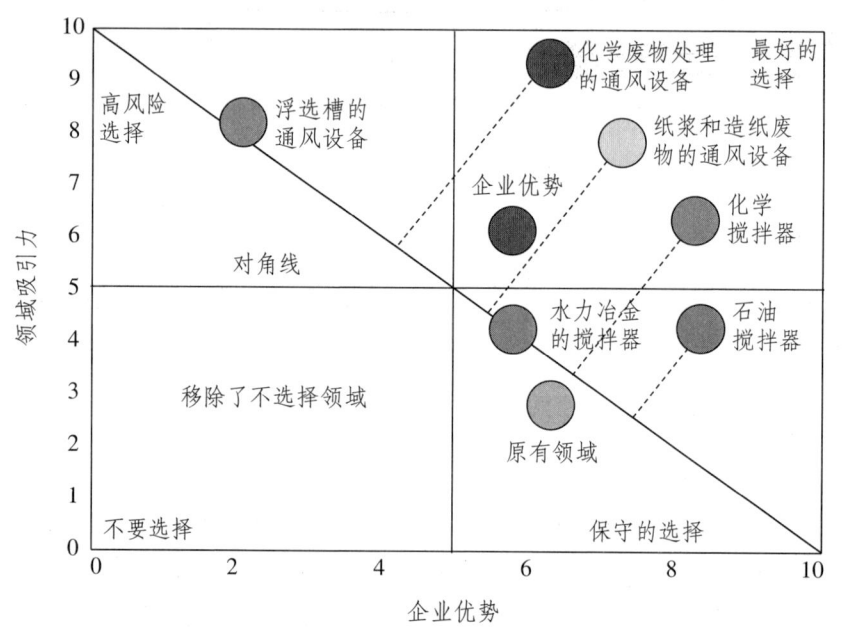

图4.12：Chempro的战略图显示了每个领域的相对位置。最靠近右上方的那些（有最长的虚线）是战略上最好的领域。

总结：挑选目标领域

绘制企业战略图是成功的创新战略的基础，即选择重点的战略领域。第三章讲述了如何进行战略分析，首先分析企业所处的行业、市场和客户所处的行业，然后分析企业自身——找到企业可以利用的优势和核心竞争力。

接下来，为企业找到潜在的领域。可以使用两个维度（产品和市场，如Telenor或管道制造商）或三个维度（客户组、用途和技术，如Chempro）。确定企业的原有领域，然后在三个轴上分别移动，识别相邻的客户群、产品应用和技术。这个方法会帮助企业找到一些新的但相关的领域，如图4.4所示。

现在企业已经确定了一些可能性的领域，可以用一些淘汰问题检验每一个领域，并用两个关键维度"领域吸引力"和"企业优势"对其进行评估。为每个维度设置评估问题，努力调查以获取所需数据。然后基于这些问题对每个领域进行评分。绘制类似于图4.10的战略图了解领域所在的位置。选择并将这些领域排序，寻找那些在"最好的选择"范围内的领域。企业也可以选择一个或两个"保守的选择"和"高风险选择"中的领域。

恭喜你！企业现在已经决定了集中新产品开发工作的战略领域。这是关键的一步。这些是新产品的"狩猎场所"，它们明确了什么是"界限内"、什么是"界限外"。战场选定了，那么下一步就是部署。第五章重点介绍如何为每个领域确定优先级，做出支出决策，以及制订进攻计划——总而言之，就是如何在每个战略领域中赢得胜利。

第五章
制订取胜的进攻计划

Crafting

the

Winning Attack Plan

计划什么都不是。实施计划才是一切。

——德怀特·艾森豪威尔

最高同盟指挥官，诺曼底登陆战役，第二次世界大战

制订进攻战略

目标已经确定，战略领域也被绘制出来并确定了优先级，现在是时候确定新产品的进攻战略了，即计划如何在这些选定的战场上取胜。进攻战略往往因行业和公司而异。然而，有一些框架可以帮助企业选择进攻战略。下文会谈到一些我们喜欢的框架或进攻计划的模型，当然也会介绍其他模型。

基于创新的战略类型

一种分析企业进攻战略的方法是观察企业如何响应不断变化的市场和外部环境。这些战略类似于军事战略，例如主动性的"正面进攻""外侧进攻"，还有更保守的"等待和回应"的进攻战略。

这个模型有两个维度，如图5.1所示。根据以下一些问题，可以确定企业在图表上的位置。

1. 产品创新对企业有多重要？创新处于企业的中心，也是整体经营战略的关键部分吗？或者，企业主要依靠其他战略来获得业务？例如低价、紧密的客户关系、一流的服务或广泛的分销网络？

2. 在创新方面，企业是积极主动还是被动接受？一些企业觉得最好让别人带头，然后自己再做出反应——反抗或者防守。或者，有些企业会采取更积极主动的态度。

第二章介绍了四种战略类型，它们都是基于图5.1中的模型。每种战略类型都有自己的进攻方法。你的企业是哪一种？应该选择哪一种？请看第二章中介绍过的战略类型。

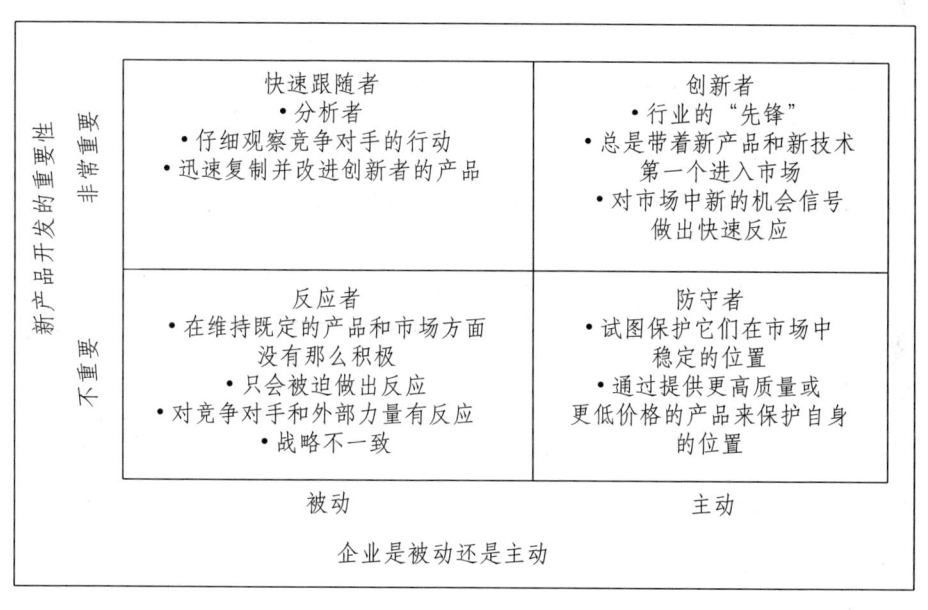

	被动	主动
非常重要	快速跟随者 • 分析者 • 仔细观察竞争对手的行动 • 迅速复制并改进创新者的产品	创新者 • 行业的"先锋" • 总是带着新产品和新技术第一个进入市场 • 对市场中新的机会信号做出快速反应
不重要	反应者 • 在维持既定的产品和市场方面没有那么积极 • 只会被迫做出反应 • 对竞争对手和外部力量有反应 • 战略不一致	防守者 • 试图保护它们在市场中稳定的位置 • 通过提供更高质量或更低价格的产品来保护自身的位置

纵轴：新产品开发的重要性
横轴：企业是被动还是主动

图5.1：流行的创新战略类型是基于新产品对企业的重要性，以及企业是主动还是被动的。

创新者

这些企业是行业的创新者或先锋。它们总是率先带着新产品进入市场，并率先采用新技术，即使存在亏损的风险。创新者会对市场中新的机会信号做出快速反应。

这是一个非常流行的战略，约有三分之一从事产品开发的公司被认为是创新者（见图5.2）。在汽车行业中，本田(Honda)和克莱斯勒(Chrysler)通常被认为是创新者。例如，在美国的汽车行业中，新的车型都是由克莱斯勒发明的，例如迷你厢式车(mini-van)和多功能车(SUV)。宝洁公司和强生公司也被认为是各自行业的创新者。

成为创新者的含义：不是每个企业都可以成为行业的创新者，因为创新者必须具有某些特点和独特的优势。例如，这些企业的核心竞争力包括一些技术、知识产权或某些技能。它们会记录正在进行的尖端技术工作，并且通常都正在做一些基础研究和实际的技术开发工作。一般来说，这些企业都与大学和外部实验室有联系，并与这些合作伙伴一起从事开放式创新工作。

从营销角度来看，这些创新者努力保持领先的地位，预估下一个市场的突破口。他们非常善于预测市场需求。一些企业全面地研究客户的需求，特别是人口研究，了解客户未满足的、未说明的需求。它们还可能与市场上的领先用户（用户创新者）密切合作，寻求下一个市场创新。

在财务上，这些创新者不害怕做出风险投资。它们的投资往往包括内部领域的业务产品开发，也包括外部收购和合资企业。

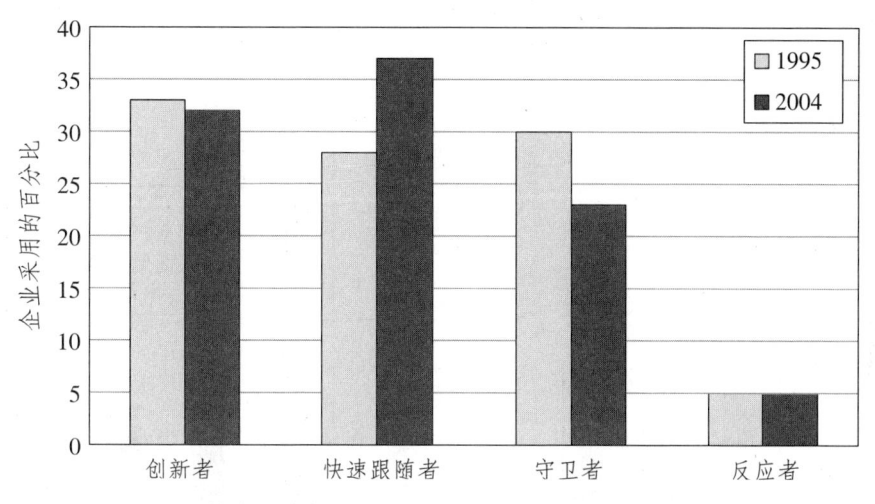

图5.2：快速跟随者战略是最流行的战略，早于创新者战略。

成为创新者的优点和缺点：成为创新者的优势是显而易见的。因为"先下手为强"，所以率先进入市场会让企业拥有竞争优势。但问题是，没有一致的证据表明"第一个入市"就会获胜，除非之后别的企业推出的是类似的或同等的产品。例如，如果创新者设定了行业标准，而且所有接下来的产品都必须满足该标准（因此是相同的），那么创新者会做得更好。但大多数的市场不是这样的。有相当多的证据表明"最好的会胜利"。如果追随者企业开发出了一种优越的产品，虽然不属于创新，但往往会做得最好。

尽管没有关于创新者总是成功的证据，但是研究确实显示了创新者的优势。图5.3表明了随着进入市场的顺序由先到后，企业的成功率和盈利能力都有所下降。例如，在图5.3中，开发项目的成功率对于创新产品（或首次进入市场的产品）大约为70%，而对于第二个进入市场或快速跟随者的产品，成功率则下降到63%。类似的，新产品的利润率，即获得的利润与利润目标之比，也随着产品进入市场的顺序下降了。

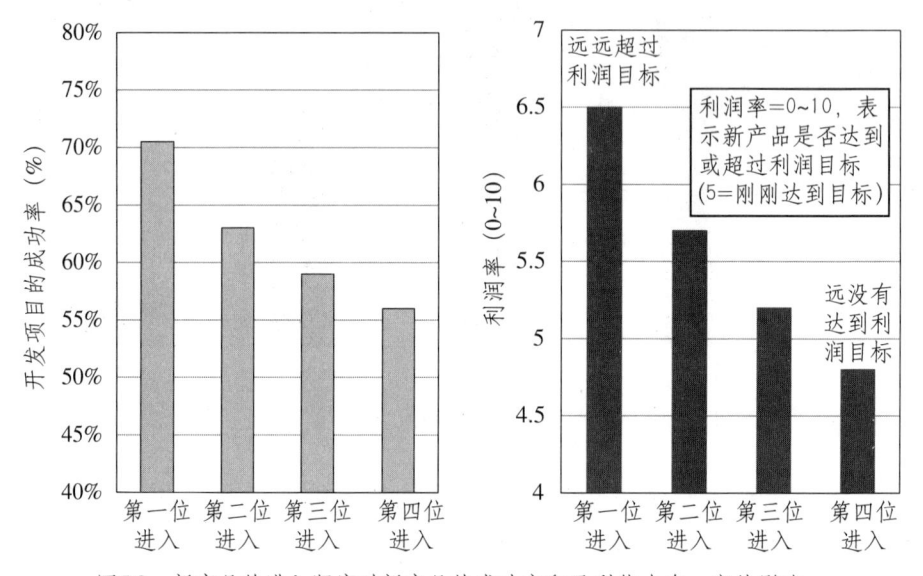

图5.3：新产品的进入顺序对新产品的成功率和盈利能力有一定的影响。

创新者要面临两个主要的挑战。第一个是风险。作为先锋，这意味着企业要去尝试还没有验证过的技术和还没有开发过的市场。通常这些开创性的开发项目需要较大的投入，要用几年的时间才能收回投资，而且显而易见的是，不是每个创新项目都能成功。因此，创新企业的高管和股东偏好风险。

第二个挑战在于它的难度。创新是一项前沿的工作，无论是在技术上还是在营销上，不是每个企业都觉得自己可以胜任。大部分工作对于技术、生产、销售和营销人员都是智力和体力上的挑战。强生公司和宝洁公司都属于上述的创新公司，而且众所周知，它们聘用的都是"最好的和最聪明的"员工。

案例：回顾第四章中康宁的例子。面对2000年销售利润的大幅下降，康宁的高管们再次寻求创新，重塑自身及其产品，以免被市场淘汰。管理层确定新的市场和新的技术，采用已验证过的创新方法开拓市场。它确实奏效了。到了2007年，公司重新回到了原来的领域。各个业务部门都有了主要的创新项目：四个新的业务平台和三个主要的相邻市场。康宁大获成功的一个项目是平板电视屏幕的玻璃组件。这对它来说是一个大胆并有新意的举动，而其主要竞争对手——德国的肖特玻璃公司，对此则没有任何行动（虽然后者在2000年已经在制造CRT管玻璃组件）。

康宁公司的案例是一个典型的创新企业遇到挑战的故事。你的企业能像康宁这样成功地面对挑战吗？这不容易！当北电网络(NortelNetworks)大量地进入光纤业务（硬件和软件）时，它经历了同样灾难性的市场崩溃，并且其股价从140美元跌至不足1美元。在康宁成功的地方，北电网络未能开辟出一条新路。在写此文时，它正在申请破产。

快速跟随者

这些企业是分析者。通过仔细观察主要竞争对手的行动，它们通常会快速行动并推出优质的产品！这些产品比创新产品更经济有效，或具有更好的功能。但分析者一般不会率先进入市场。

快速跟随者的战略是所有战略中最受欢迎的。37%的开发企业都采用这种方法。过去十年，该战略从27%得到了更大的普及，因为它切实可行，风险也不大。在全球的汽车企业中，丰田和福特被认为是快速跟随者或分析者企业，尤其在过去十年中，丰田的混合动力汽车使其具有明显的创新精神。

成为快速跟随者的含义：像创新者一样，快速跟随者也必须拥有雄厚的技术和成熟的技术团队。但是它们的技术和技能并不是为了开发新的科学或发明，或推动技术前进，而是为了实际的制造、开发和应用工作。这些公司的技术团队必须密切留意行业中的技术动态，了解创新企业正在开发的新技术。一旦快速跟随者确认一项新技术或新产品的市场前景，他们会迅速使用其技术对产品进行逆向工程，复制并改进产品。

从营销角度看，快速跟随者与创新者截然不同。它们的任务是密切留意市场环境，确认别的企业创造的新兴市场和机会。有效的竞争分析和专利地图(patent mapping)是这些公司使用的工具。他们密切地留意竞争对手及其发布的产品，确定哪些产品具有开发前景（例如在消费品中，他们广泛地使用存货审计）。快速跟随者使用客户需求和市场研究，不是为了识别全新的需求或市场，而是为了发现创新产品潜在的弱点和用户不满意的地方，以此进行改进。快速跟随者也有力地运用了开放式创新的方法。

根据第一章中的案例，苹果公司是MP3播放器市场中的快速跟随者。该公司没有发明MP3播放器。当苹果公司进入该市场时，已经有50多个竞争对手，但是苹果公司巧妙地运用其技术、营销和分销网络的优势和竞争力，开发了更好的产品和系统。它克服了当时MP3产品的许多不足之处，取得了决定性的胜利。

在财务上，快速跟随者必须要为研发和新产品项目准备大量的投资，但快速跟随战略可以减轻风险。因为已经有其他企业先行了，所以在技术和营销上的未知性和不确定性都得以减少。由此可知，这些公司的高管们可能厌恶风险。

快速跟随者的优点和缺点：快速跟随者战略的优点是显而易见的，风险得以减轻，而且与创新者比较，开发新产品的工作在某些方面没有那么艰巨。当然，快速跟随者必须是一个熟练的产品开发者。先锋们开辟了道路，通过它们的成功和失败，快速跟随者可以不断地学习和改进。

快速跟随者所面临的一项主要挑战就是必须快！通常，跟随者是"慢速追随者"，用很长的时间获取新兴市场或新技术的信号，还用更长的时间来推出自己的新产品。即使这样，企业也无法推出更好的产品。因此，快速跟随者必须清楚了解行业内的市场和技术动态，并且拥有一个内部的"快速反应系统"。在其他竞争对手有机会回应之前，企业就可以识别、筛选、开发并推出它的新产品。对企业来说，最糟糕的位置是处于"中游"的位置。

案例：在加拿大东部，有一家鱼肉加工公司在新英格兰地区将一些冷冻鱼产品作为自有品牌或商店品牌销售（在加拿大，渔业公司有自己国家公认的品牌名称，但在美国没有）。因此，快速跟随者找到了进入美国自有品牌市场的方法。操作方式很清晰："我们必须是最快的响应者"，当时公司总裁宣布，"这意味着，一旦我们周五在波士顿的某个超市上发现一个民族品牌的产品，我们就必须在下周一前研究它，获取市场数据、从实验室里拿到样品、做出过关/淘汰的决定。"

为了达到这样的快速反应模式，公司设计并采用了一个快速响应的门径系统。它可以加快项目的进程，产品从创意到推出只需非常短的时间。在快速响应门径系统的早期阶段，企业为了仔细分析竞争对手的产品，普遍使用的两种工具是存货审计和讨论组。

防守者

防守者在其整体经营战略中相对不太注重创新，但他们仍会开发新的和改进的产品。防守者试图在一个相对稳定的产品或市场领域中确定并保护它的位置。他们提供更好的质量、更好的服务或更低的价格来保护他们的领域。这些企业不在意对其当前运营没有直接影响的行业变化。

防守者约占所有开发产品公司的24%，但是作为一项战略，它的普及度正在下降。研究显示原因之一是，对于产品创新，严格的防御模式不如更具进攻性的模式（见图5.2）。大量的实例研究也表明，无数的企业由于创新而突飞猛进，而一些企业若采取严格的防御姿态，则无法长期发展下去。他们容易受到别的企业的进攻。当市场和技术改变时，他们不愿意或无法做出改变。通用汽车(General Motors)、日产(Nissan)和马自达(Mazda)是防守者。这支持了以下理念：创新必须处于企业经营战略的中心。

反应者

这些公司在保持既定的产品和市场方面没有竞争对手那么积极。他们只有在强烈的外部或市场压力下才会做出反应。很难想象会有企业特意选择这种战略,虽然有些可能会无意地落入这个范围(如图5.1所示)。约有8%的产品开发商属于反应者类别。

你的企业选择哪种战略类型

当企业的领导团队设想未来要成为怎样的产品开发商时,这四种战略类型是有用的描述信息。每一种类型都有利弊。因此,企业必须在做决定前权衡自己的情况:企业所处的市场动态、竞争对手、企业自身的能力和竞争力。

基于竞争维度的战略

第二种明确企业进攻战略的方法是使用相对传统的竞争维度。
- 竞争范围(见图5.4的纵轴):企业专注于一个或几个细分市场

吗？或者，企业广泛地服务于所有的细分市场和所有客户类型吗？

- 竞争优势（见图5.4的横轴）：企业如何实现竞争优势？它是否通过低成本与较低的市场价格？或者在产品差异化的基础上进行竞争，即开发独特且优质的产品？

	较低的成本	差异性
宽目标	**成本优势** 提供的产品有最低的、有竞争力的价格	**差异化** 用高价提供高度差异化的产品
窄目标	**成本聚焦** 针对目标市场，提供的产品有最低的、有竞争力的价格	**差异化聚焦** 针对目标市场，用高价提供高度差异化的产品

竞争优势

图5.4：创新战略也可以基于竞争定位。

虽然图5.4显示了企业战略类型的标准分类，但它也适用于较窄的产品创新的领域。同样，四种可能的战略类型都是可行的。

成本优势

这种战略强调降低制造（或运营）成本和运输成本，从而通过较低的价格获取市场份额。这个战略通常可以有效地与快速跟随者的战略相结合，即等待、观察竞争对手推出新的产品，然后立刻以更低的成本复制。对于这个战略，经济规模通常是成功的关键：大的市场、许多细分市场，还有大批量、低成本的生产设备。或者，一些公司选择在成本较低的发展中国家进行生产，这也是一条实现成本优势战略的途径。

成本聚焦

成本领导战略的一个变体是成本聚焦战略，即企业专注于一个市场部门，并能提供较低价格的产品。通常，企业不会选择规模经济的方法，因为单个市场部门的需求达不到上述成本领导战略所需的数量。然而，通过专注地服务于一个市场部门，企业也许可以降低成本，采用这种集中的、成本导向的战略。

案例：在印度经营的一些外包公司充分利用了该国的中产阶级。他们受过良好教育，但是对工资的预期较低。这些公司针对一些北美和欧洲的软件公司，以较低的价格向他们提供软件开发服务。因为企业专注于特定的软件应用程序，他们能够成功地开发并不断精进其技术。这是一个运用成本聚焦战略的例子。

差异化

这个战略的目标是开发独特的、优质的产品——比竞争对手的产品能更好地满足客户的需求，并向客户传递一个吸引人的价值定位。这个方法基于我们的一项战略研究——被确认是非常有效的类型A战略，如第一章的图1.8所示。有力的市场导向（发现市场趋势并聆听客户需要）与技术实力是这个战略成功的关键。

案例：北美针对消费者市场的Black and Decker电动工具正是运用这种战略的结果。从早期的Workmate工作台到最近的组合电动工具，该企业一直稳定地推出新的、有差异化的产品。它一直以新的特征、功能和设计为傲，并始终与消费者的想法和需求保持一致。

差异化聚焦

差异化聚焦的战略通常被称为"利基战略"。该战略集中于市场中的一个部门或用户类型。企业将所有的产品开发和营销工作都集中在满足其目标用户的需求上。企业的市场意识、客户亲密度和技术能力是该战略成功的关键。

案例：Kenworth卡车，美国重型运输卡车制造商，习惯性地选择了利基战略。从一开始，Kenworth一直专注于业主经营者，即驾驶自己钻机的卡车司机。从传统的卡车外观到为客户定制设计和装备卡车，该公司所有的工作都是为了服务于该类型的客户。

其他明确战略的方法

低预算保守战略：在这种情况下，公司模仿其他企业，生产没有差异化的新产品。这些新产品仍然高度集中在与企业的原有领域相邻的一个或几个产品的市场。该战略是第一章中的图1.9所描述的类型B战略。它是所有战略类型中最受欢迎的。通过采用此战略，企业可确保其新产品符合自身的生产能力、技术、资源和现有的生产线，也瞄准熟悉的当前市场。与竞争对手相比，研发支出通常相对较低。低预算保守战略不是一个大胆的战略，但是它会取得较好的结果，虽然结果不是最佳的。

客户亲密度战略：在这种情况下，企业会通过一种积极的方式，对客户需求做出回应，并快速有效地处理需求。成熟的销售团队、与主要客户的紧密关系以及快速响应的系统是其成功关键。

案例：北美一家主营消费纸（卫生纸、纸巾）的公司就采用了上述战略，尽力满足其主要零售商客户的需求和想法。其大部分产品开发实际上都是为了满足这些客户的需求。公司开发了一个组织架构和一个新产品流程，可以快速有效地处理这些零售商的要求。

全球战略与地区战略

对于产品开发人员，最具挑战性的战略问题之一是全球与地区之间的矛盾。一方面，全球的产品创新战略意味着规模经济。开发世界性的产品，然后用几个生产设备大批量地生产，以此来尽可能地降低每单位的开发和制造成本。另一方面，这需要企业有能力调整它的新产品，适应世界各区域和国家之间的差异。利用不同的地区和国家在品位、需求方面的差异，这是企业寻求潜在的竞争优势的一种方式。

案例：在20世纪90年代，英国的消费品公司——利洁时(Reckitt Benckiser，当时为Reckitt＆Colman或R＆C)，正面临着来自美国各大竞争对手的挑战。多年来，该公司与各个品牌相互竞争，其中大部分品牌都针对一个或几个国家。利洁时在135个国家拥有研发实验室。在美国，利洁时品牌包括清洁和空气清新产品，如Air Wick, Wizard, Easy-Off, Mr. Bubble和后来的Lysol。但是在欧洲，没有人听说过这些品牌，市场被滴露(Dettol)和瑕辟(Harpic)这样的品牌占据着。然而，有越来越多来自美国的公司，如庄臣(SC Johnson's Wax)和宝洁，开始和利洁时在全球市场竞争。利洁时的优势一直是"本地定制"产品，而来自美国的竞争对手却有显著的成本和品牌优势。

这对公司来说是一个困难时期，需要立即采取行动。因此，利洁时选择并成功地实现了向"全球本土化战略"的过渡，即开发全球性的产品，但要按照不同地区的喜好、需求和文化做出调整。这是一个"全球性思考，按地区行动"的战略。因此，企业决定在全球推广一款在英国北部赫尔开发的空气清新剂。它们会使用不同的品牌名称、不同的包装和不同的营销主题，但是本质上却是相同的技术和产品平台。该公司因此获得了开发和制造上的规模经济这一优势，同时也能够根据当地市场需求而调整产品。

最后，有些人认为，尽管一些国内供应商应该在产品开发中采用国际化的战略，但这种战略并不适合每个企业。有时候，专注于国内市场才是成功的战略。

案例：在印度，创新被视为"捍卫自己领地并在全球市场上获胜的关键"，这与日本的模式非常相似。它通过采用产品和流程创新，在全球市场上逐步地建立自身的位置。对于开放的印度国内市场，为了领先于进口的产品，企业可以利用当地公司对印度本土客户的熟悉度，开发更加适合当地需求的创新产品。

全球—地区战略维度

这个全球—地区战略的选择包括两个主要维度，如图5.5所示：

● 目标市场战略：企业的业务重点是国内市场，或是一个地区（贸易区域，如北美或欧洲），还是全球市场（整个世界）？

● 产品战略：企业是否应该采用严格的国内产品策略，为国内市场开发产品（以后企业可能决定出口）？

或者，企业可以采用全球的产品战略，从其开发的每个新产品中获得最大的影响力。这里的一种极端情况是开发单一产品，一成不变地向全世界推广，即"一刀切"。

或者，企业可以开发单一的、但可定制的产品，即针对不同地区的一个产品的平台，甚至是为特定国家生产不同版本的同一产品。如此一来，企业的竞争优势将能够满足各个地区或国家的特定需求。这是一种市场区分的方法，即"萝卜青菜各有所爱"的战略。

国内	1. 国内战略 为本国市场开发一种产品，并在本国销售	2. 国内产品出口到地区 为本国市场开发一种产品，出口到相邻国家	3. 国内产品出口到全球 为本国市场开发一种产品，出口到全球
全球		4. 全球性的产品和区域性的市场 利用一个地区的投入，开发一种产品，在一个地区销售	5. 全球性的产品和世界市场 为世界生产一种单一的产品；使用多个市场的投入；在全世界销售
全球本土化		6. 全球性的产品和区域性的市场 开发可定制产品：一个平台；有为区域市场推出的不同版本的产品	7. 全球性的产品和世界市场 开发可定制产品：一个平台；有为地区和全球市场推出的不同版本的产品
	一个国家	区域性（贸易区域）	全球（世界）

产品战略 / 目标市场战略

图5.5：七种可行的国际战略会带来不同的结果。

七个全球—地区战略

图5.5显示了七个可行的战略。研究人员调查了各个战略的相对效率和绩效结果。

1. 国内战略，在国内目标市场销售的产品：这是七个战略中最简单的（见图5.5左上方），基本上是标准的国内发展战略。企业为国内市场开发产品，只在国内销售。这个战略的优点是风险和成本较低，企业可以根据当地需求调整产品。相比于大型的跨国企业，本地的企业更了解本地市场。采取国内战略的弱点是企业容易受到国际竞争对手的攻击。跨国公司通常具有规模经济，在研发上也有雄厚资金。在20世纪90年代经济转型之前，利洁时的战略实质上就是这样，它在135个不同的国家中采用这样的战略。这种战略带来的结果不甚理想，原因很可能是市场有限和来自全球竞争对手的威胁。新产品的成功率为43.1%，利润也都低于预期目标。

2. 国内产品战略，包括出口到特定的国际市场：这是上述国内战略的延伸。这里的国内产品是为本土市场开发的，没有考虑国际市场的需求。但是，之后企业也许决定出口到邻近的国家，期望增加销售。这种战略通常只能带来一般的结果，很可能是因为未能满足相邻的不同市场的需求。该战略的成功率为45.5%，利润一般也无法达到预期目标。

案例：一家瑞典海产品公司生产类似鱼酱的面包酱。它可以用作早餐蘸料，涂在饼干或面包上。企业针对早餐市场，生产了一种新的用鱼做的早餐蘸料，这种蘸料在瑞典大受欢迎。当他们在丹麦销售该产品时，制造商惊讶地发现丹麦人坚定地拒绝了他们的产品。他们原以为丹麦人的生活方式很像瑞典人，但是后来发现丹麦人对重口味的早餐鱼酱不感兴趣。他们更喜欢吃丹麦糕点或果酱。

3. 国内产品战略，包括出口到全球的目标市场：这与战略2相同，企业会试图使产品具有更大的国际影响力。该战略带来的是与战略2一样糟糕的结果。

战略4和战略5是针对国际市场（区域或全球）的全球产品战略：这是"一刀切"的战略。企业会针对一个地区（如欧洲或北美洲的贸易区）或全球开发新产品，接着在一个地区或全球市场销售。企业所具有的主要优势是开发和制造上的规模经济，弊端是忽略了当地的喜好和需求的差异。适时地使用这个战略可以带来积极的结果：成功率达到了可观的61.5%，一般利润也都达到目标。

然而，这种战略难以把握，因为全球性的产品在不同的国家也有一些差异：例如，在印度，牛是神圣的动物，因此麦当劳的巨无霸用的不是牛肉，而是羊肉。可口可乐销往各地时，可口可乐的相对甜度都根据各地不同的口味做了调整。然而，某些产品，例如标准化商品（如钢板、木材）或技术产品（如数码相机）可以作为全球产品。

战略6和战略7是针对国际市场（区域或全球）的"全球本土化"产品战略：在这两种情况中，企业会建立单个产品的概念、技术或平台，但同时寻求全球的资源。企业由此得到的产品平台可以轻松地调整，并推出不同版本的产品以适应不同地区或国家的需要。这也是利洁时选择的"全球性思考，按地区行动"的战略。它的主要优势是企业可以从两方面获益：一方面是规模经济（单一的产品概念、平台和技术，甚至可能用一个或几个设备生产全球产品），另一方面是仍然有满足当地市场需求的产品。该战略总体上会带来最好的结果：它在全球市场的成功率为84.9%，区域市场的成功率为78.1%，企业获得的利润也远远超过目标。

在实际操作中，选择"全球本土化"战略意味着将市场确定为全球，并设计满足多个国际需求的产品。这通常意味着要运用跨国的产品开发团队开发项目，团队成员也从世界各地借调。它还需要从多个国际市场搜集客户的意见和想法。结果是，企业会得到"全球本土化"的产品：一个团队的开发工作，一个产品概念或平台，但有几个不同版本的产品用来满足不同的国际市场。

该战略的一个重要含义是，需要设计并实施一个跨国的新产品流程和系统，使得企业在世界各地的业务部门都可以利用，也可以跨国界地整合行动。建立跨国的开发流程要面临许多挑战：

- 必须从许多国家，而不仅仅是从本国征求新产品的创意。
- 需要全球项目优化（或组合管理）小组和流程对创意进行筛选，排列优先次序。
- 需要建立全球的门槛或过关/淘汰决策小组——来自多个国家的高管一起做决定，共同资助该项目。
- 用全球的过关/淘汰标准和项目优先级决策取代传统的单个国家的标准。

主要的挑战来自多个国家的投入——消费者不同的需求和偏好——合并成可定制的产品概念或平台，但有时需求会发生冲突。例如，世界上一部分的消费者想要廉价的产品，而其他的消费者想要高级的产品。这可能会导致产品设计不能很好地满足各个群体的需要。因此，"全球本土化"战略的方法之一是为同一产品类别建立两个可定制的平台。这里的关键是企业要按照实际情况操作——获得市场信息和洞察力，从而可以更好地做出取舍，明确产品概念和所需平台。

绩效结果为自身说话

新产品成功率强烈地受到所选择的国际战略的影响。例如，上述的"全球本土化"战略——具有跨国的投入、设计和定制,针对世界市场的新产品,有84.9%的成功率,这是非常出色的。但遗憾的是,只有17%的新产品项目遵循这一战略。

相反的,最流行的战略不意外地是国内产品战略。所有新产品中,约有三分之一归入这一战略类型——仅针对国内市场的产品。这一战略的成功率只有43%。

其中的寓意是:在所有绩效指标上,旨在满足国际需求(而非只有国内需求)且针对国际市场(全球或区域)的产品表现最佳,而且远远地领先其他产品。这些产品在国外市场做得好,它们在国内市场也做得好!最重要的是,它们在利润率、销售达成和利润目标方面做得更好。这些结果为企业用国际视角(全球性或全球本土化)设计和开发产品提供了有力的证据。

同一屋檐下的多种战略

经常有人问的一个问题是,一个企业可以同时拥有多个创新战略吗?例如,企业是一些产品的创新者,同时也可以是其他产品的快速跟随者?一般来说,答案是"可以,但……"也就是说,上述的一些战略确实可以组合在一起。例如,图5.1中的"快速跟随者"战略可以与图5.4的"成本优势"战略结合,同时与图5.5中的第4号"全球产品，区域市场"战略相结合。一般来说，从不同的图（图5.1，图5.4和图5.5）中选择战略，它们不会相互排斥。

然而，同一个图中的战略往往相互排斥。例如，一家企业可以为一个新产品采用"差异化"战略，或采用"成本聚焦"战略，但这两个战略是不能同时采用的。此外，这些相互排斥的战略不应在同一屋檐下使用，即使是对于不同的产品或产品类别。原因是：每一个战略所需的企业文化、组织框架和系统都非常具体，将它们放在一起很有可能发生冲突。例如，低成本供应商的企业文化与图5.4中的差异化企业非常不同。当这两者存在于同一企业中，企业很有可能会遇到麻烦。例外的情况是：如果两者可以在距离上分开，并有机会发展自身的文化、系统、方法和组织框架，那么企业仍然可以正常运转。

案例：前面提到的鱼肉加工商有三个完全不同的业务市场。一个是自有品牌在新英格兰地区的业务，企业的总裁为此选择了一个"快速跟随者战略"。但企业在加拿大超市里销售的一个知名品牌，则需要"差异化高价"和"创新者"的战略。企业的第三个业务是餐饮服务，即酒店和餐馆。对于这一部分，它采用了"低成本"和"客户亲密度"战略。

对于这三种完全不同的战略，它们可以共存于同一公司的唯一方法是将它们置于不同的屋檐下：设立三个独立的业务部门，每个业务部门都有自己的场所、文化和系统（例如不同版本的门径系统、不同的市场调查方法）。

请注意，该案例中每种业务所运用的战略没有相互冲突：例如，对于加拿大民族品牌的产品，图5.4中的"差异化高价"战略和图5.1中的"创新者"战略是可以相互协作共同促进产品销售的增长。

Chempro 的进攻战略

在第四章中,我们用Chempro公司的案例解释了如何正确地选择战略领域。但Chempro的进攻计划应该是什么?在这些领域中,为了取胜公司应该选择哪些战略?

案例:Chempro的管理层选择在所有领域都用相同的进攻战略,即差异化的方法,专注于为客户提供具有独特特征和性能的产品。该战略需要结合Chempro的核心技术能力(在旋转液压设备设计领域的实力)和以客户为导向的市场推动方法,以此来明确产品要求。因此,该战略实际上是图5.1中的"快速跟随者"战略和图5.4中的"差异化"战略的结合。

决定企业的入市战略

第四章着重讨论了如何选择正确的领域以及获得正确的焦点。而这章到目前为止,已经解释了企业应该如何进攻各个新产品领域——企业的进攻战略是什么?另一个同样重要的问题是,企业应该通过什么机制进入这些领域,以避免失败并最大化收益?尽管这些问题从根本上不同，但值得注意的是，它们不应该彼此独立。要进入新的商业领域，企业可以采取不同的机制，例如内部发展、合资企业、各种形式的开放式创新，以及风险资本的少量投资。图5.6的缩略图显示了企业可以选择的不同方法。这些机制中的每一种都对企业有独特的要求。

许可和授权	有正式的合同表明，企业向另一个企业出售其知识产权、技术或产品，通常有固定的费用和版税。
合资企业	有正式的合同表明，两个企业会共同发展一个合并项目，风险与回报也共同协商、共同承担。
联合开发	与外部合作商共同开发新产品或服务。可以是合资企业的一个小组或开放式创新计划，可以包括对等模式或供应商／客户的联合开发。
开放式创新	包括利用所有外部资源的创意、技术和创新推动企业内部发展的协作开发，牵涉到派生产品和不使用的知识产权的外包。
合作创新	与开放式创新和联合开发类似，但也包括正式的联盟和沟通网络，可以一起研究开发新的产品和服务。
开放资源	由软件开发行业衍生而来，通常是没有组织的合作（通常没有所有权或报酬），创造的成果使大家都能获益。与众包类似，但不属于任一企业。
技术性收购	一家大型企业收购一家小型的技术企业，为了更多地了解一项技术，收购该技术，并以低价首先进入市场。
风险资本和创业培育	企业将资本投资在小的、通常是高新技术企业并获得所有权。在培育模式里，大企业的管理层积极地管理、指导、培育小企业。

图5.6：包括外部合作商的产品创新有多种模式。企业可选择此列表中的选项。

图5.7显示了多种流行的企业入市战略。图5.7根据市场和技术对于企业的新颖性和熟悉度进行划分，可以为企业选择合适的入市战略提供指引。

1. 技术新颖性：该技术对企业有多新，即这种技术与企业目前生产所用的技术有多大的差异。

2. 市场新颖性：该市场对企业有多新，即企业的产品要进入该市场还需要多大的努力。

3. 技术熟悉度：企业内部拥有多少相关的技术知识，但不一定用于现有产品上。

4. 市场熟悉度：企业了解该市场的程度，但不一定因为有产品在该市场销售才了解。

如果企业目前的业务被确定为基础业务，那么与新领域相关的市场可以称为基础市场、新的熟悉的市场或新的不熟悉的市场（见图5.7的纵轴）。技术也同样如此：该领域所需的技术是基本的、新的但熟悉的，或是新的不熟悉的（见图5.7的横轴）。

产品所需的技术

	基础技术	新的熟悉的技术	新的不熟悉的技术
新的不熟悉的市场	合资企业	风险资本或创业培育或教育性收购	风险资本或创业培育或教育性收购
新的熟悉的市场	内部市场开发或收购（或合资企业）	内部风险或收购或授权许可	风险资本或创业培育或教育性收购
基础市场	内部产品开发（或收购）	内部产品开发或收购或授权许可	合资企业（通常大企业和小企业）

产品的目标市场

图5.7：基于市场和技术对公司的"新颖性"，针对不同类型的领域推荐的最佳入市战略。

这个框架的基础是，如果企业试图独自冒险，那么与企业的基础业务相比，越新的或越不相关的领域所得到的结果越差。这得出了一个合理的结论，如果新领域包括企业熟悉的市场和技术，那么可以选择企业参与度高的入市战略。同样地，对于企业不熟悉的领域，需要降低企业投入（寻求外部帮助或协作）的入市战略似乎最合适。例如，第三章提到的汽车管道制造商，它运用其基本技术（快速连接装置）进入了一个新的但不熟悉的市场（家用管道设备）。它采用的方法就是通过与某管道设备制造商合资，从而成功地实现了这一目标。

图5.7显示了基于不同的市场和技术新颖度，企业可以选择的各种入市战略。该矩阵有实证案例支持，显示了企业成功或失败的模式。例如，图5.7中的新市场但基础技术（左上）的单元，入市战略指向合资企业——管道制造商显然做了正确的选择。下文会更详细地解释图5.7中所示的各种入市战略。每个战略的优点和缺点也会在图5.8和图5.9中进行总结。

内部开发：内部开发意味着以利用内部资源为基础，建立一项新业务或进入一个新领域。这是"自力更生"的产品开发方法。但是，如果企业对新业务领域的市场和技术不熟悉，则常常会产生重大错误，也会导致绩效不佳。因此，推荐内部开发仅用于基本的业务领域，或在新的但熟悉的市场使用基础技术的领域，或在基础市场使用新的但熟悉的技术的领域（图5.7左侧的三个单元格）。

收购：收购的方法是吸引人的。这不仅是因为操作快速，而且它也许能让企业以较低的成本进入新的领域。收购适用于新的但熟悉的领域，如图5.7和图5.8所示。但是提醒企业的是：不是所有的收购最终都会像最初预计的那样带来利润。许多企业在收购后发现，要融入被收购企业的文化和运营中，这不仅困难重重，而且花费巨大。

技术许可：通过技术许可获得技术是收购整个企业的替代方法。技术许可可以借鉴别的企业开发和销售产品的经验，避免产品开发的风险。对于要进入新的但熟悉的技术领域的企业而言，技术许可的方法是特别适用的。

入市战略	优点	缺点
内部开发	• 利用现有资源 • 熟悉的市场和技术——较少的意外，更多的经验	• 资源可能固定在别的项目上 • 时间间隔可能会长 • 对一些市场不熟悉可能会产生业务失误
收购	• 快速进入市场	• 母公司对于新的领域不熟悉 • 收购一般花费巨大 • 将两个文化融合可能出现问题，也花费时间与金钱
技术许可	• 可以快速获取已验证了的技术和产品设计 • 降低财务风险	• 不可以代替企业的内部能力 • 不是自己的知识产权——企业只是拿到使用许可

图5.8：这三种入市战略都有优点和缺点。可参看图5.7了解各个战略什么时候使用最合适。

内部风险：许多企业采用新的风险战略，以此实现企业宏大的多元化和增长计划。在这个战略中，企业会在现有集团内部设立一个单独的实体，通过单独的实体，企业进入不同的市场，或者开发与基本业务明显不同的产品。这个理念是在大集团内建立小型企业——创业型企业或风险企业。这样这些小型企业可以利用集团的资源，但它们的风险团队不会受到集团对于创业行为的限制。

合资企业或联盟：当项目规模扩大，技术成本变高，失败的代价太高以至于企业不能单独承担时，合资经营变得越来越可行。通常，合资企业会由一家大型的和小型的企业组成，重新进入一个市场（见图5.7中左上角的单元格）。在这"共同追求"的过程中，企业通常不会采用合资企业这样正式的形式，而是小企业提供技术，大企业提供营销能力，合作双方可以相互补充。大企业和小企业的联盟，即"战略合作伙伴",往往包括巧妙地使用企业的风险资本。

风险投资和培育：如果风险战略允许一定程度的外部介入，而企业只能提供最低水平的投入，那么它往往需要外部的风险资本投资。大集团将风险资本投在发展中的或刚起步的企业上，参与这些企业的成长和发展，可能最终收购它们。它们的动机是对年轻的、成长中的高科技企业进行少量投资，确保其为它们的"技术窗口"。如果大集团不但向小企业提供风险资本，还提供管理援助，这样的战略被归类为"创业培育"，而不是纯粹的风险投资。如果大集团要实现企业的多元化目标，而不只是简单地提供资金，这种培育的战略似乎更为明智，但它也需要结合企业另外的多元化工作。

技术性收购：针对性的小型收购所发挥的作用与风险资本投资相似，并在某些情况下为企业提供了显著的优势。在这样的收购中，被大企业收购的小企业通常处于发展的早期阶段，并且拥有"有趣的技术"。这样的收购一般不是为了经济回报，而是为了以最低的成本获得某项专有技术。对于收购企业，它们可以用少量的投资立刻获得熟悉新技术的员工，它现有的员工也可以通过与被投资企业的沟通提高熟悉度。因此，有技术目的的收购是一个比风险投资更快的途径，可以增加企业的熟悉度。如果企业要进入新的但不熟悉的领域，它也是一个受欢迎的战略（见图5.7的右上方单元格）。

走向"开放式创新"：上述所有合作型的入市战略，包括合资企业、技术许可、联盟、创业培育等都是更广义的创新战略的一部分，即"开放式创新"。它将会在下一节中重点讲解。这个与外部企业、

人员共同合作的创新模式已经有几十年的历史。"开放式创新"只是一个更广泛的概念。它不仅包括这些传统的合作模式，也包括了各种类型的合作活动，以及比过去更广泛的合作伙伴。

入市战略	优点	缺点
内部风险	• 利用现有资源 • 企业可以保留并培养有能力的创业型人才	• 固定的成功记录 • 企业的内部氛围往往不和谐或不支持
合资企业或联盟	• 技术/市场联合可以帮助大企业/小企业共同协作 • 分散风险	• 合作商之间有潜在矛盾，如文化差异 • 有时对各自的能力和投入感到意外
风险资本和培育	• 可以在新的技术和市场提供机会窗口	• 不太可能成为企业增长的主要动力
技术性收购	• 提供机会窗口、知识和初始员工	• 比合作资本更多的初始经济投入 • 有（收购企业的）创业者离开的风险

图5.9：这四个额外的入市战略有它们的优点和缺点。
（图5.7显示了各个策略什么时候使用最合适。）

开放式创新在企业战略中的作用

宝洁等企业已经掌握了开放式创新的概念，并将它作为产品创新战略的一部分。宝洁公司的前董事长兼首席执行官A.G. Lafley曾表示："虽然没有一个最佳方式来构建以创新为中心的企业，但很明显，在聚光灯下的是内部集中并且纵向整合的企业。我们正处于开放式创新的时代。"

因此，宝洁"连接+开发"的开放式创新方法现在已成为该企业创新战略、结构、文化和流程的一个重要部分。它给企业带来了50%以上的新产品理念和技术。在某些情况下，它带来的是完全成形、可供销售的新产品。开放式创新是企业在进入或进攻新领域时（以及扩大现有战略领域）应该考虑的一个战略方法。因此，本章如果没有进一步讨论开放式创新如何能够使企业受益，那么这章就会不完整。

威胁

各大集团都面临着一个重大的威胁，即企业的内部研发还没有成为该行业创新的引擎，而且它们不断地错失机会。事实上，过去几十年中，许多突破性的产品均来自外部的大企业。**IBM**眼睁睁地看着别人发明了迷你计算机、工作站、个人电脑和掌上电脑。宝洁在过去的近二十年未能推出一款新的消费者品牌。默克（Merck,一家德国的制药集团）看着辉瑞(Pfizer)通过销售其他实验室的化合物，在药物行业中占据了领先地位。美国运通眼睁睁地看着其他企业创建了现金管理账户、借记卡和互联网支付系统。**AT&T**见证了微波中继传输、全球定位系统、卫星传输和分组交换技术的产生，并且逐渐远离它的贝尔实验室。第四章概述了主导企业为何缺乏外围视觉，也为什么无法对突破性技术采取行动。开放式创新是这个问题的解决方法之一，帮助企业保持警醒，及时行动。

开放式创新的前提是"不是行业中所有的聪明人都在为你工作"。在被企业忽视的界限外,有太多的发明和创新正在发生。有许多创意、发明和创新来自由风险投资家投资的规模较小的创业型企业。其中许多企业提出了突破性的技术、创意和新的商业模式,打破了既定的类别和市场。因此,现在企业的竞争优势通常表现为善用别人的发现。这种趋势的含义是显而易见的:"如果企业忽视了那些不在其工资单上的聪明人,它就无法实现它的增长目标"。

你的企业是否遭遇了太多的NIH(not invented here),即"不是在这里发明的"的综合症?领先的企业已经意识到开放式创新的重要性——对于从企业内部和外部产生的创意和新产品,是否达到了一个适当的平衡。他们已经建立了流程、IT支持、团队和文化,利用外部的合作伙伴和联盟,寻求新的创意、发明和创新。开放式创新的目标是在未开发的"空白领域"里创造新产品、获得新技术、加速开发项目上市,并通过销售或外包未使用的内部知识产权,从内部生成的技术上创造更多的价值。

开放式与封闭式创新

在传统或封闭式的创新模型中,有来自企业内部和外部的投入:客户投入、营销创意、市场信息或战略规划投入。然后,随着企业的研发部门开发、完善、进一步发展,这个过程很快或者一段时间后向内转移。

案例：正是这些"闲置的"的技术让人们对施乐公司怀有诸多质疑，因为它未能在计算机领域推出它的发明。尽管施乐的股东没有受益，但是其他人却受益了。那些在新兴技术上工作的员工离开施乐后组建了新的企业，其中许多企业（如3Com和Adobe）取得了巨大的成功。事实上，施乐公司衍生品的市值超过它本身。

相比之下，在开放式创新中，企业需要彻底地研究创新流程的三个方面，包括理念、发展和商业化（见图5.10），从而在整个过程中创造、实现更多的价值。

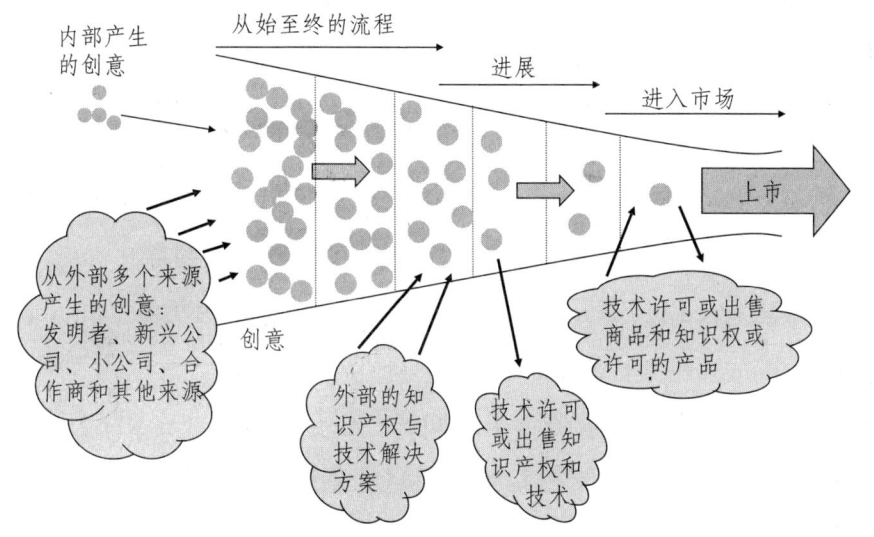

图5.10：大力从事开放式创新的公司已经重新设计了它们传统的门径管理流程，建立必要的要素以寻求创意、技术、知识产权，甚至公司外部可以直接上市的产品。

开放式创新的许多模式

已经有不同的企业以各种方式实践开放式创新。下面是一些案例。

宝洁：开放式创新在宝洁有了它最成功的一次应用。现在，通过企业非常有效的"连接+开发"计划，整个世界都已经变成了它的创新构想、知识产权和新产品的源泉。通过使用信息技术，一个精心设计、方便用户使用的网页，加上一个支持外部协作、知识产权、理念的组织结构和文化，宝洁公司对来自世界各地的创新人员、有创意的人、发明家、科学家、合作商和善于解决问题的人敞开了大门。

美国空气化工产品有限公司(Air Products & Chemicals)：该企业的"识别并加速"计划帮助它明确企业的内部需求，以及外部合作伙伴可以怎样帮助它来加速创新流程。它的主要重点是获取外部研发资源，推进公司自身的开发项目。

诺基亚(Nokia Venturing)：诺基亚已经超越了"不是在这里发明的"现象，并且正在使用一个多元的方法迎接最好的创意。

● 诺基亚投资公司开展创业活动，旨在企业的革新识别和开发新业务。

● 诺基亚投资专门投资手机和知识产权相关的创业企业。

● 诺基亚集团直接支持和培育新兴的创新者，希望它们未来有成长的机会。

斯伯丁(Spalding)：在商业体育用品这个类别中，斯伯丁通过创新重新振兴了公司，其中也包括采用外部开发的技术。斯伯丁推出了第一个有内置泵的篮球"Infusion"，使得销售额增长了32%，以及Primo创新公司开发的"永不漏气"的篮球。Primo是由来自美国宇航局和杜邦的两位博士建立的发明公司。

技术许可：卡特彼勒、夏普、金百利克拉克公司、飞利浦和宝洁都是将内部开发的知识产权授权许可的例子。这样做的益处包括可从未使用的知识中获利，以及发展有用的战略伙伴关系。

开放式创新的益处

针对一些战略领域，企业可能已经考虑过但又放弃了，因为企业自身缺乏成功的要素，但是开放式创新突然使这些领域变得可行。开放式创新使企业更容易获得产品开发所需的人才、技能、技术和专业知识，特别是在图5.7中的一些新兴领域——远远超出了企业自身的内部技术或市场团队可以提供的。因此，开放式创新不仅会改变企业的入市战略，而且从一开始就会影响企业对领域的选择。例如，第四章的GPS公司拒绝了"手机无线电信号传输塔"，因为它对于企业来说太大了。这是正确的决定。但是因为GPS是一个开放和合作的公司，他们实际上可以明确另外的两个领域："整个卫星的控制系统"和"空间接收机"（在卫星上提高精确度和定位）。只要GPS愿意与别的一些企业合作，就可以瞄准这些领域。

开放式创新的另一个明显优势是企业有了更多的创意和技术资源，从而推动现有战略领域的内部增长。此外，通过共享风险模型(shared risk model)，企业降低了开发创新产品的风险。在风险水平较低和资源较少的情况下，企业可以进行战略研究，也有机会扩展其核心业务，创造新的增长来源。随着时间的推移，通过持续的接触和与外部创新者的联系，企业建立了一种更具创新性的文化。最后，通过授权或销售未使用的产品、技术和知识产权，企业不但可以从它的创意中获得经济价值，也可以让企业对于它内部可用的技术有一种"使用它或丢了它"的紧迫感。

合作式的方法、合资企业和战略联盟的方式正在逐渐增长，因为公司是否会繁荣和增长取决于它们。在受访的美国高管中，64%的高管们表示他们计划在未来两年更多地使用战略联盟。几乎70%的高管们表示，战略联盟帮助公司实现了增长目标，部分原因是它们会带来可观的回报，分担了风险。

不是安乐窝

开放式创新遇到的主要挑战是实施该系统的成本。宝洁聘用了一小群人阅读、审查、评估、跟进他们收到的数千个新产品和创意的反馈。它主要的一个欧洲竞争对手最终放弃了开放式创新，因为发现得到的结果与付出的成本和努力不相匹配。开放式创新还有其他的缺点：开放式创新可能适合消费品公司，如斯伯丁、宝洁和金百利克拉克，因为它们的产品相对简单。但在更复杂的行业，开放式创新可能不太有用。正如通用电气(GE)的首席执行官所观察到的，他的公司在诸如喷气式发动机和机车等领域中处于领先地位，这需要"做几乎世界上任何其他人都无法做到的事情"，而且知识产权和一定程度的保密非常重要。通用电气研究部门的负责人Mark Little，对通用电气的研究实验室的成果表示非常满意："我们对自己的能力感到很满意。"丰田的高级执行官也曾说到，他的公司花费了数十亿美元在研究上，更不用说五年的产品开发周期，如果公开这些研究并允许竞争对手偷走它的优势，这将是十分愚蠢的。"最终，即使谷歌也会做出一些有形的产品。当他们这样做的时候，也会保护它，就像丰田公司一样，不会采用一个开放的模型。"

因此，虽然开放式创新看起来是一种廉价的新产品生产方法，但远远不是零成本。事实上，它是非常资源密集型的方法。它还有其他的缺点，正如伦敦帝国理工学院的教授所指出的那样，"开放式创新在管理或知识产权上所流失的成本，并没有像其假定的收益那样被研究过"。事实上，人们必须艰难地从许多平庸的想法和产品中找到一些宝石，而这个过程需要做很多工作。

总结：获胜的进攻计划

企业已经选择了一个或多个战略领域作为目标。现在，企业将如何在这个领域取胜？企业如何制订进攻战略的大纲？
- 企业的战略立场是什么：创新者、快速跟随者、防守者或反应者？
- 企业选择什么竞争战略：低成本提供商、差异化或差异化聚焦战略？

- 或者，企业选择了一个不在二维图表上的战略：客户亲密度战略或低预算保守战略？
- 决定企业应对全球与地区问题的战略方法：区域或全球目标市场的方法？全球或"全球本土化"的产品创新战略？
- 接下来，企业打算如何进入选择的战略领域：独自进入，还是通过收购、技术许可、与合作伙伴联盟或合资企业？
- 确定开放式创新在企业的创新战略中发挥什么作用。

有了明确的领域和进攻战略，现在是时候转向具有挑战性的资源问题。将战略转化为现实意味着资源的部署：需要多少资源，以及在何处分配资源。这会是下一章的主题。

第六章

资源投入、部署和战略桶

Resource Commitment Deployment and Strategic Buckets

你必须知道什么时候叫牌
知道什么时候扣牌
知道什么时候走开
知道什么时候继续来

——肯尼·罗杰斯，《赌徒》

优化企业的新产品投资

和股票投资组合经理一样，那些优化企业研发投资的高管会赢得长期的胜利。他们达到这一目标的方法是提供合适的资源、将这些资源集中到正确的战略领域、选择可以成功的新产品项目、实现理想的平衡和项目组合。新产品的资源优化有两个方面。

1. 确定产品创新投资的最佳水平：企业是否投入了足够的资源来实现新产品的目标？或者，企业在产品创新方面资源严重不足，面临着对未来资源投入的艰难决定吗？许多高管都在努力解决这个问题：多少是足够的呢？由于现今企业面临着削减所有开支的压力，研发支出也受到控制。所以为新产品或研发选择最佳的投资水平是本章第一部分的主题。

2. 管理新产品的组合：一个重要而且相关的问题是：企业是否明智地将稀少且珍贵的新产品资源分配到适当的市场、产品类型和主要项目上？这就是组合管理要讨论的主题：资源分配和投资决策，目的是实现企业的新产品目标。战略组合管理是本章和下一章的主题。

资源投入——创新战争中的决定性因素

你不可能在没有资源的情况下赢得战争！就像一位执行官扼要地说的那样："你得花钱才能赚钱！"为产品创新提供足够的资源，然后有效地进行分配，是第一章（见图1.1）中谈及的创新菱形的四个绩效要点之一。企业的领导团队如何明智地投入资源、战略性地分配资源，这是绩效最佳和最差企业之间的一个主要差异。

现在的产品创新存在资源危机。基准研究发现，新产品开发中资源短缺的情况十分普遍。在大多数的企业中，存在着这些情况：管理战略不当，企业没有投入足够的资源实现其为产品创新设定的目标，或者没有熟练及时地开发流程中的项目。太多的企业没有认识到产品创新的支出是战略投资，而不是费用。因为企业只能把不足的资源投入到他们应该做的项目上，所以产品创新中有了这种资源紧缺的情况。

通过研究，我们发现缺乏项目重点和资源不足是产品开发工作的第一弱点：项目团队正在开展太多项目，或者没有充分地关注新产品工作（见图6.1）。我们可以仔细思考这些研究发现。

- 只有10%的企业合理地为新产品项目配备员工——90%的企业资源不足，项目团队无法成功地完成工作！
- 只有11%的企业有专注于项目的团队，而89%的企业承认项目团队的成员分散在太多的项目上。（在一定程度上而言，多任务操作是可以的，但是显然，许多企业的多任务操作已经远远超过了其最佳败，但是我同时负责七个项目，这注定会失败……我根本没有足够的时间做好每一件事……所以我选择抄近路。"

缺乏用于产品创新的资源不仅仅是研发或某个方面的问题。这个问题通常涉及了各个方面（见图6.2）。最薄弱的领域是营销资源（只有15.2%的企业有足够的营销资源用于新产品项目），其次是新产品的制造和运营资源（只有24.3%的企业有足够的新产品资源）。研发或技术资源是企业做得最好的方面，31.4%的企业表示有足够的技术资源——虽然这仍然不足，但是相比其他方面好得多。

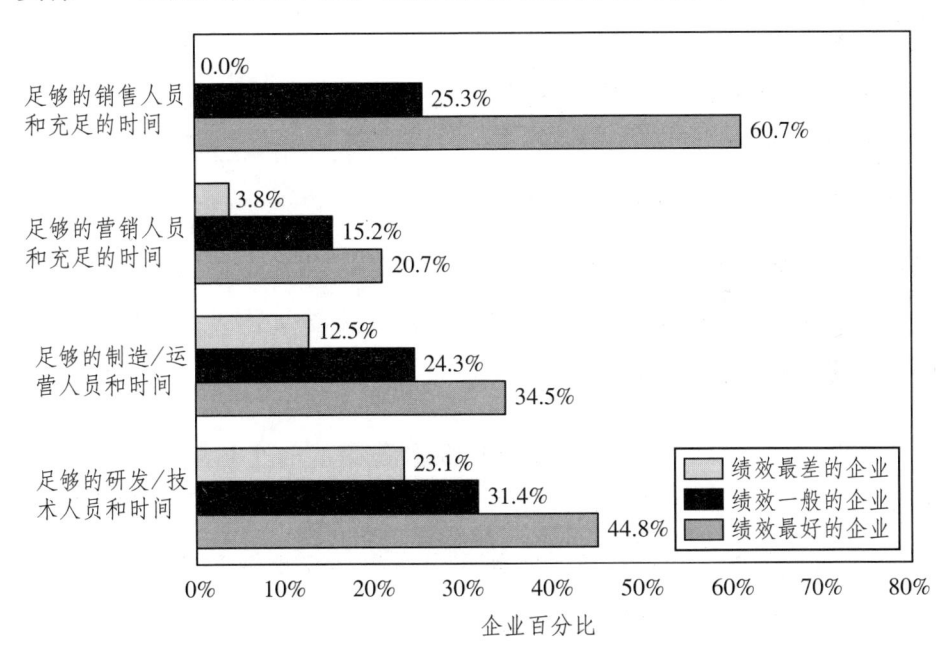

图6.2：按不同的部门，有足够的资源用于产品创新的企业百分比。其中营销资源是最不足的。

绩效最好的企业将资源投注在产品创新上

绩效最好的企业比其他企业在产品创新方面拥有更多的资源——他们为产品创新的项目投入所需的资源，如图6.1所示。还有，绩效最好的项目团队更专注于产品开发。事实上，拥有必要的资源并确保这些资源专门用于新产品开发，这是区分最佳企业与其余企业的最明显标志之一。

在绩效最好的企业中，投入在各个部门的资源均比其他企业要多。这不仅仅是一个是否有研发人员的问题。如图6.2所示，绩效最好的企业更有可能为营销、销售、运营和研发提供足够的资源。事实上，在绩效最佳和最差的企业之间，最大的区别是销售资源：在绩效最好的企业中，销售人员可以为新产品项目团队工作。而在绩效最差的企业中，情况却并非如此。

这些关于资源投入与其影响的数据证实了一个早期的研究。早期研究表明，所有领域，包括研发、营销、销售和运营，它们都无法为产品创新提供足够的资源。此外，为新产品开发投入足够的资源是推动新产品性能的三个最强驱动力之一。在最常用的性能指标（来自新产品的销售百分比）中，最强的一个驱动力是企业在研发上花费了多少。

资源不足会削弱产品创新的工作

新产品资源的缺乏会为产品创新工作带来许多致命性问题。你的企业遭遇到多少致命性的问题呢？

1. 执行质量差：当项目资源紧张时，项目团队为了赶上期限会争相抄近路。因此，他们省略了必要的市场研究，缩短前期工作，过度加快实地测试，在资源不足的情况下仓促推出计划。正如某位懊恼的主管领导所说："我们只是忙于完成项目——赶上规定的期限，根本没有时间进行重要的前期工作。"

对新产品实践的研究显示，从产品创意产生到推出，一些企业在项目任务上的执行质量较差。这最终导致了较低的新产品成功率和太多的"修补"工作（匆忙完成的工作导致大量的返工，反过来这给项目团队带来了更多的困扰）。

2. 延长上市时间：企业由于没有足够的资源处理进展中的诸多项目，所以项目要排队。产品从创意到推出的时间不像执行时间那么长，因为执行时间包括项目排队的时间或生产的时间。项目排队就是等待员工有时间才来做这个项目。根据估算结果，排队时间相当于项目周期时间的30%到50%。如果项目不需要排队等待，那么新产品上市的时间可以减少一半！

3. 太少的博弈冒险者：往往由于资源不足，新产品失败或产品推迟进入市场，这些因为没有及时执行所带来的损失是可衡量的。但是有一个更大的成本是无法衡量的，这就是机会成本。有多少项目是由于缺乏资源而没有完成的？在资源有限的情况下，人们自然决定用这些资源开发一些低成本、低风险的项目。正如一位主管所解释的："我们企业的研发预算是有限的，我无法承担将大部分预算都投入到一些大项目上所带来的风险，所以我必须权衡利弊，选择较小的、风险较低的项目。如果我有更多的研发预算，那么我可以选择一些更加冒险的项目。"

当企业缺乏资源而又要出色地完成目标时，技术和营销主管就会青睐那些更小、更容易做、更快的项目，即"唾手可得的果子"。但问题是这些项目对公司的价值往往不高，结果是企业很少有成功或变革的项目。事实上，45%的高管承认进展的项目中存在太多价值不高的项目，还有69%的高管表示企业的项目组合不均衡。

4. 进展中的项目被"简单化"：资源匮乏的另一个结果就是项目被"简单化"或被缩小范围。某个研发管理人员这样描述资源缺乏，"不畏艰难的努力只能弥补资源缺口一段时间，于是他们（项目团队）将项目变得更简单一些：缩小项目范围，也缩减产品功能。他们没有在产品上加上所有的特性和功能，尽管他们知道不应该这样做。"缩小项目范围、缩减产品功能会对潜在的新产品造成损害。

5. 项目团队士气的低落：资源不足也会影响项目团队的士气。对许多企业而言，加快产品上市时间和缩短产品周期时间是它们非常重要的目的。但是，由于缺乏必要的人员和时间投入，项目团队难以全力以赴。一旦他们错过了规定的期限，会面对巨大的压力，一些工作人员被指责，团队士气也开始低落。

案例：在某个被研究的企业中，研究人员发现这个企业的项目团队的士气非常消沉，没有人想加入这个团队，以至于后来调入这个产品开发团队被视为是一种惩罚。原因在于：没有足够的资源投入到这个团队中，团队成员根本无法在限定的时间内完成工作，结果注定是失败的，而且他们还要被管理层训斥。

多少投入是够的——确定企业的产品创新工作的投资

企业的领导团队可以参考以下四种基本方法，决定为产品开发或研发投入多少资源。下面介绍的方法不是相互排斥的，可以结合使用。

基于企业战略角色的投资

这种自上而下的方法基于一个简单的原则：企业的战略应该推动产品的创新或研发。这是一个特别有效的方法，特别是针对那些从属于大集团的企业。

由于一些集团总部重视短期的经营业绩，这让它们对所有业务部门的处理方式大同小异。规划人员已经丢弃了战略，反而成为记分员。在他们看来，每一个短期的数据都很重要，但这是错误的。一些业务部门在产品开发方面的前景有限,所以获得的是少量的开发资源。但是其他部门在产品开发方面有很多机会,可是如果以同样的标准来衡量,那么它们也只能获得少量的开发资源。

对于企业的规划工作而言,现在是重新引入一大批战略思想的时候了。在介绍战略规划的基本原理时,我们认识到不同的企业在这方面拥有不同的选择。回想BCG(波士顿咨询集团)或麦肯锡—通用集团的业务部门组合模型,它在20世纪70年代出现时公认为非常有效。它用一个二维图,以"市场吸引力"和"企业地位"为轴,绘制了公司中的所有业务。业务部门被分类为"明星""现金牛""瘦狗"和"野猫"。该模型为每种业务类型确定了不同的目标、战略角色,甚至新产品的重点。这个模型在当时很有意义,所以也是时候抖落它的灰尘,让它焕然一新。

对于"明星"业务,它值得企业为产品创新投入更多的精力和金钱。对于"瘦狗"业务,企业通常会选择一个收获和/或剥离的战略。企业可以对"现金牛"业务投入平均的或适度的研发资金,产品开发设计也只是为了保持产品线不会落伍。而"野猫"业务则是一个问号,企业可以根据机会的大小和迄今为止的记录选择研发支出。

关于"明星"业务的另外一点是,一定要改变它的绩效指标。用相同的指标测量所有的业务即假设所有的业务都一样。再重申一遍:这不正确!例如,"明星"业务应该被作为"明星"对待,还有最重要的是,测量的指标也表明它是"明星"。因此,与其用传统的短期经营利润,还不如更多地使用成长型的指标衡量绩效,例如,

- 新产品销售的百分比。

- 收入增长。
- 利润增长。

请注意,这些成长型的指标可能不适合每个业务部门,仅适用于特定的几个业务部门。

案例:在美国空气化工产品有限公司(一家全球的工业气体、设备和化学品供应商)中,每个全球的业务部门都根据各自行业和市场的类型,还有各自对于企业的重要性,分配了不同的增长和盈利目标。这个方法承认了,每一个业务单位都是不同的,所以应该要为其设定不同的目标。因此,每个业务部门都有自己的新产品开发战略和相应的预算,满足其独特的业务需求。

基于目标和任务的投资

这种自上而下的方法是为了确保企业的新产品资源与实现其战略和目标所需的工作一致。从第二章开始我们介绍了企业产品创新的目的和目标。如果企业制订了扩展增长的目标,并且战略是通过新产品(通常是"明星"业务)来大幅扩张,那么资源必须到位。例如,由于指标"来自新产品的收入百分比"是由研发推动的,那么用新产品销售额表示的新产品目标必须反映在适当的研发开支上。

接下来,将企业的新产品销售目标转化为新产品发布,每年有多少主要的、中型的和小型的产品发布?然后将这些产品发布随着时间转换为资源需求。要进行所有的开发项目,企业需要多少人员和资金?这是需求的部分,通常以全职人员或美元来衡量。现在看能提供的部分。对企业进行资源能力评估：有多少人员可以为这个项目工作？要确保减去他们为了保持企业的正常运行而必须花在日常工作上的时间。这是能提供的部分。

有关此方法的更多详细信息，请参见"企业的新产品目标——资源需求与能力"。

每次我们进行这样的资源分析时，都会确定一个需求（基于目标）和供给之间的差距。这样的结果是预测得到的：目标不会实现！高管层有三个选择：设定更切合实际的目标、将资源投入到位或重新分配现有的资源。这种分析可以很好地帮助企业决定，与企业目前的研发支出相比，是否应该投入更多或更少的资金到研发上。

企业的新产品目标——资源需求与能力

确定资源需求：
- 从企业的新产品目标开始——从新产品中要获得的销售额或销售百分比。
- 每年将这些目标转换为主要的、中型的和小型的新产品发布。
- 确定企业每年需要推进的不同阶段的项目。（考虑企业的磨损曲线，如图2.8所示，它显示了要成功地推出一个产品，需要多少创意、早期阶段的项目或开发项目）。
- 确定每个阶段需要多少人员和时间（按各个部门计算）
- 计算资源需求：通过计算各个阶段的项目数量和每个项目的人员、时间需求，可以得出资源需求，即达到新产品目标所需的人员和时间。同样也是按部门来计算的。

企业的资源有多少？
- 思考企业有多少可用的资源：每个部门有多少人员和时间，可以用于新产品项目的工作？（这些人员、时间包括了该部门的所有人员，以及他们可用于新产品工作的时间）。

比较资源需求与供给：
- 检查企业是否有足够的资源实现新产品的目标。

这项工作的一个成果是确定资源需求与供给之间的差距有多大。另一个结果是确定产品创新目标所需的、理想的资源投入水平（或支出水平）。

基于竞争对等的投资

要确定为产品创新投入多少资源，一个更简单的方法是将企业与行业中的其他企业进行比较。这种竞争对等法是基于一个前提，即一个行业中的"平均的竞争对手"接近最理想的状态：一些竞争者可能在研发上过度投入，而另一些则投入不足。但是总的来说，行业中的平均水平是最理想的。

目前，美国企业的平均研发支出约为销售额的3.3%。但是大企业们投入得更多：

美国前10的大公司销售额的8.5%用于研发上；

美国前25的大公司销售额的7.8%用于研发上；

美国前100的大公司销售额的5.4%用于研发上；

美国前1000的大公司销售额的4.3%用于研发上。

多年来，用于研发的支出平均保持在3.3%。如果按行业分类，不同行业的平均支出差距很大。在成熟的商品企业（如石油和煤炭）中，该数字为销售额的0.4%，而在快节奏的高科技行业中，例如信息软件，研发支出则是销售额的21.9%。图6.3提供了行业的细目，可以将你的企业与其相对照。

行业	研发占销售额的百分比	行业	研发占销售额的百分比
制造行业	**3.6**	**非制造行业**	**2.9**
食品	0.7	采矿、萃取和相关活动	2.0
饮料和烟制品	1.4	公共事业	0.1
纺织品、衣服、皮类制品	1.6	建筑	2.2
木制品	0.8	批发贸易	2.0
纸、印刷和相关活动	1.5	零售行业	0.6
石油和煤炭产品	0.4	公共交通和仓储	0.4
化学制品	6.9	信息行业	5.3
基本化学品	2.0	出版	17.1
树脂、合成橡胶、纤维和丝	1.7	新闻、期刊、书和数据库	3.0
药品	12.7	软件	21.9
另外的化学品	3.3	通信行业	1.0
塑料和橡胶制品	1.9	有线和无线通信运营	1.1
非金属矿物质产品	1.8	卫星通信	3.4
主要金属	0.5	其他通信工具	0.5
焊接的金属制品	0.8	网络提供商、搜索引擎、数据处理	8.7
机械装置	3.6	网络服务提供商和搜索引擎	9.0
电脑和电子产品	9.0	数据处理、托管及相关服务	8.6
电脑和周边配件	5.4	其他信息行业	0.5
通信设备	14.0	金融、保险和房地产	0.5
半导体和其余电子组件	10.6	专业的、科学和技术服务	10.0
导航、电子医疗和控制仪表	7.0	建筑、工程和相关服务	4.9
其他电脑和电子产品	5.6	电脑系统设计和相关服务	9.6
电器设备和组件	2.3	科学性研发服务	27.4
交通设备	3.0	其他专业的、科学和技术服务	3.0
汽车、拖车和部件	2.5	卫生保健服务	3.9
航空制品和部件	4.8	其他非制造行业	2.7
其他交通设备	1.6		
家具和相关产品	0.8	**所有行业**	**3.3**
其他混合制造业	6.1		
医疗设备和供应	7.7		
其他制造业	2.7		

图6.3：研发支出占各行业（制造业和非制造业）收入的百分比。

如果企业使用这种竞争对等的方法，有几个需要注意的地方：首先，要知道不是所有的研发支出都会进入到新产品。有一些会进入到流程开发和制造改进，也有一些会用于维持产品线所需的、持续进行的技术工作。我们的主要研究显示，对于从事产品开发的企业，它们研发支出的平均数是其销售额的3.6%。在这些研发支出中，投入到新产品上的平均比例恰好是50%。平均来看，新产品支出占销售额的1.65%。

其次，企业的产品创新战略可能与"平均的竞争对手"不同，和它们的支出水平也不一样。因此，如果企业采取比一般的竞争对手更加积极的战略，那么可能会比竞争对等投入更多，例如行业的创新者。如果企业选择跟随者战略或低成本策略，则可能少于平均水平。

案例：某家工具企业的年度报告称，公司的战略是"成为其行业中产品创新领域的领导者"。而仔细查看企业实际的研发支出可以发现，它的研发支出占销售额的比例是行业平均值的一半。显然，企业描述的战略和支出水平之间完全没有关联。

最后，请注意，虽然大多数公司测量并报告它们的研发支出，但除了开发新产品所需的研发支出外，还有一些其他的资源。这些"其他资源"包括营销、销售和运营人员、时间和费用，还有资本成本，例如新设备。一项研究估计，企业在新产品的技术（或研发）方面花费1美元，意味着在"其他部门领域"花费2美元。

基于新产品机会创造的需求投资

最后一种方法是，企业的投资水平应该由其开发流程中的需求决定。这是一种自下而上的方法（而不是自上而下和战略推动），它基于的是需求和机会。这里的论点是，被提议的开发项目需要评估和筛选，然后它们可能成为好的投资机会。因此，被批准的项目（正在进行的和生产线上暂时搁置的开发项目）所需求的资源可以作为一个好的指标，衡量企业要投入多少产品开发的资源。例如，如果有许多优秀的项目都在等待资源，这表明企业需要增加总体的资源投入：可能没有达到最优化，对产品创新投入不够，也让太多的机会白白浪费！

这种基于需求的方法类似于上述方法2中介绍的资源需求与能力分析，但是这个方法是基于企业开发流程中正在进行的和暂时搁置的项目对于资源的需求（而不是要实现企业的战略目标所需要的项目）。使用这种方法所产生的问题：企业是否有足够的资源处理目前正在进行的项目？该如何处理那些由于缺乏资源而被搁置的项目？这项分析试图量化项目对资源（通常是人员，以每人每天的工作量来表示）的需求，而不是这些资源的可用性。

企业从这个工作中能学到以下几点：首先，如果你是典型的企业，通常由于两三个原因，你的生产线上有太多的项目，但是很多项目是"薄弱"的和价值低的项目，这表明企业是时候精简一些项目组合。其次，企业可以发现那些瓶颈的部门。最后，企业会意识到自身资源不足，应该把更多的资源用于产品创新（或者必须进行次优化，暂时搁置一些非常有吸引力的项目）。

部署企业的开发资源：战略组合管理

战略和新产品资源的分配必须密切相关，其链接是组合管理。要记住：当企业开始投入资金时，战略就变成了事实！除非企业开始为特定的活动分配资源，例如，分配资源到特定的开发领域或配合重大计划，否则战略只是文件中的内容。

制订高明的投资决策

根据一项针对全球前1000家企业研发支出的全球创新研究，我们发现研发支出和企业成功的宏观指标（如增长、盈利能力和股东回报率）之间没有直接的关系。虽然投资不一定带来更多帮助，但是我们注意到，投资太少的确会造成损害。从企业研发支出占销售额的百分比看，该数字最低的10%的企业在总利润、净利润、营业利润和股东总回报上，都比竞争对手表现得差。此外，研发支出与来自新产品的销售百分比之间存在着密切的联系，而这也是最受欢迎的新产品绩效指标，用于新产品的研发支出是推动企业总体新产品工作的最大驱动因素。

在产品创新中,单靠花钱不一定会获得结果。投入量很重要,企业如何花这些钱也同样重要。卓越的成果似乎是优质企业创新流程的成果——花费的投资(组合管理)和企业如何寻求它们(创意发布系统),而不是绝对或相对的企业创新开支。例如,苹果公司的研发支出仅为5.9%,落后于计算机行业平均水平的7.6%。但通过将其开发资源严格集中在一个不长的、最具潜力的项目名单上,该公司创造了一个创新机制,并最终生产出了iMac、iBook、iPod、iTunes和iPhone。

什么是组合管理

组合管理就是做出高明的新产品投资决策。也就是说,企业应该将产品创新资源投入到哪里?在企业面临的许多机会中,应该投资哪些新产品和开发项目?哪些将被优先考虑并加速推向市场?组合管理也与经营战略相关,因为现在的新产品项目决定了企业未来的产品—市场形象。最后,它与均衡有关:关于风险与回报、维持与增长之间的最佳投资组合,以及短期与长期的新产品项目。

战略与战术性的组合管理

组合管理和资源分配是一个分层的过程,包括两个层次的决策。

这种分层方法在一定程度上降低了决策的难度（见图6.4）。

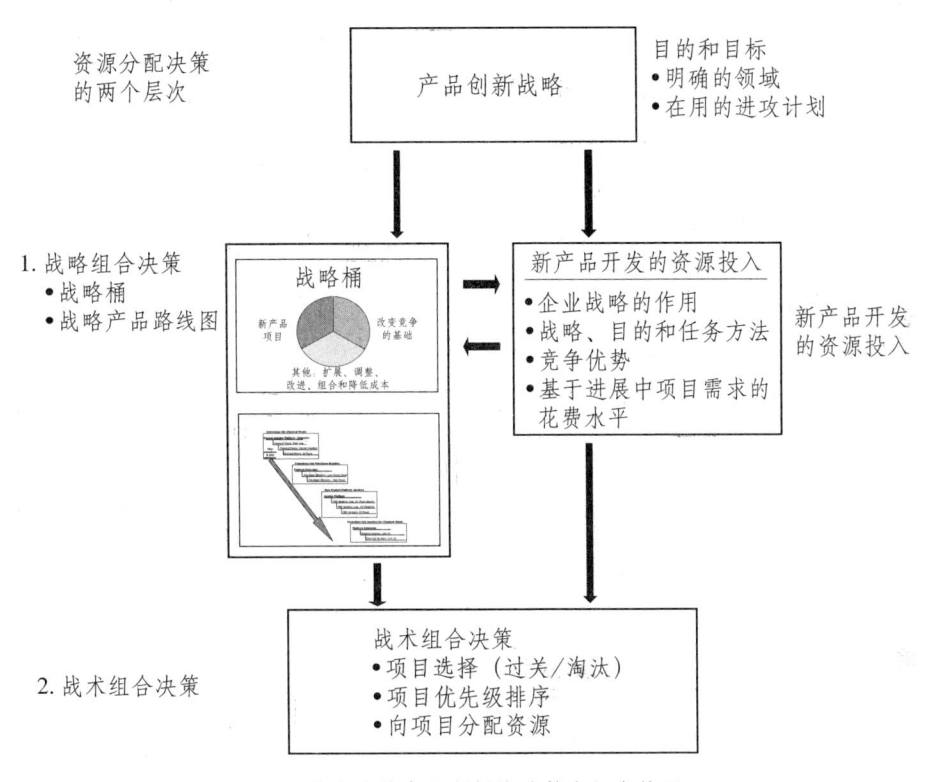

图6.4：从企业的产品创新战略转向组合管理。
组合管理和资源分配是分层决策的过程，包括两个层次的决策。

- 高层次——战略组合管理：战略组合决策可以解决一个问题：大致方向上，企业应该将新产品资源（人员和资金）投入到哪里？企业要如何在项目类型、市场、技术或产品类别之间分配资源？应该将资源集中到哪些主要项目或新的平台？有效的工具是建立战略桶和明确战略产品路线图。我们将会在下文和下一章中进一步讨论。
- 低层次——战术组合决策：战术组合决策集中在个别项目上，但是要遵循战略决策。它讨论的问题是：企业应该从事哪些具体的新

177

产品项目？这些决定显示在图6.4的底部。它们是战术性的，因此不是本书的主题。我们在其他的一些文章和书中概述了很多实用的项目评级和优先级排序的方法。

本书是关于创新战略，所以我们只看战略性的或高层次的组合管理决策——图6.4上方三分之二的部分。

组合管理对企业绩效的影响

有效的组合管理系统是产品创新的最佳实践之一。这是我们的研究得出的一个最重要的结论。图6.5显示了该研究的结果，有效的组合管理系统也是绩效最好的企业区别于其他企业的标志。

1. 绩效最好的企业有一个明显的、正式的组合管理决策流程。该组合系统旨在为各类型的项目合理地分配开发资源，并选择合适的项目。但是超过四分之三的企业缺乏有效的组合管理流程。这样的组合管理系统确实发挥着很大的作用：绩效最好的企业拥有这样系统的概率是绩效较差企业的8倍。

案例：EXFO公司拥有一个非常严格的项目排名和划分优先级的"组合流程"。EXFO的高管层将他们的组合管理方法评为公司的最佳操作，并将产品的上市时间（从18~24个月减少到12个月）的缩短归功于该组合系统。

组合流程会议每季度举行一次，每次大约需要五天，成员包括由各个高管组成的项目组合团队。会议从战略审查开始，然后是技术概述。后续步骤包括项目完结后的建议、快速审查正在进行的项目，以及将来的或新项目的过关评审报告。项目组合团队用记分卡的方法对项目的优先级排序。这个优先级排序的方法与EXFO的把关过程相似，能够帮助项目组合团队在必要时终止项目。接下来，项目组合团队会完成优先级排序，但这次是"加载"（即每个项目的资源需求）。EXFO的组合审查流程的最后一步是员工反馈。

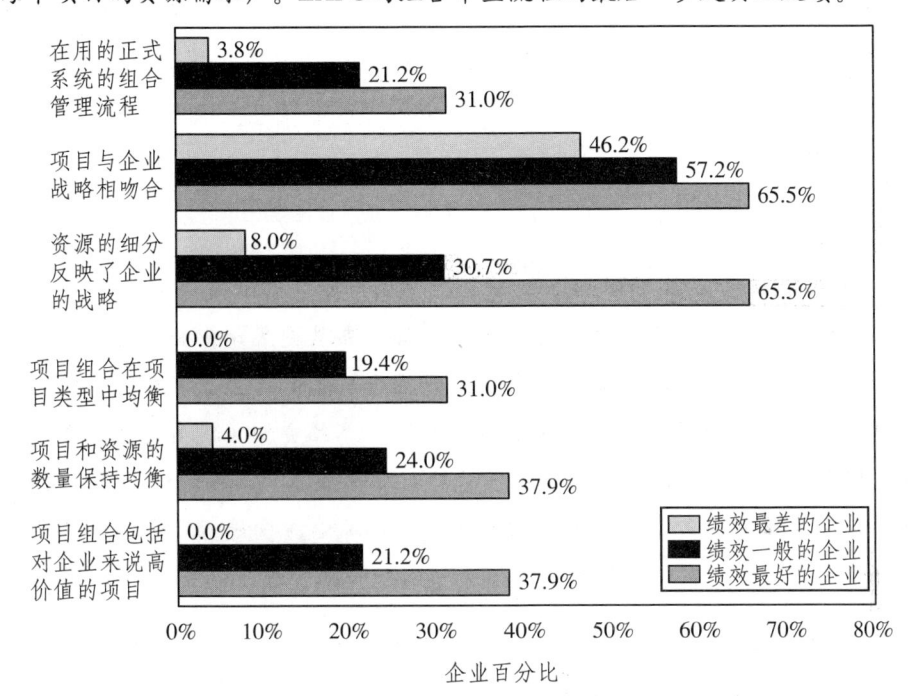

组合管理方法	绩效最差的企业	绩效一般的企业	绩效最好的企业
在用的正式系统的组合管理流程	3.8%	21.2%	31.0%
项目与企业战略相吻合	46.2%	57.2%	65.5%
资源的细分反映了企业的战略	8.0%	30.7%	65.5%
项目组合在项目类型中均衡	0.0%	19.4%	31.0%
项目和资源的数量保持均衡	4.0%	24.0%	37.9%
项目组合包括对企业来说高价值的项目	0.0%	21.2%	37.9%

图6.5：使用以上六种不同的组合管理方法的企业比例很低。大多数企业在这些方面都做得不足，但是绩效最好的企业做得更好。

2. 对于绩效最好的企业而言，它们的项目组合与企业的目标和战略是一致的。也就是说，组合中的所有项目都适合或支持企业的战略。这种做法是图6.5中唯一做得好的方面，57.2%的企业都做到了这一点。这种做法也是明显的可以区分最佳和最差绩效企业的方法。它也与新产品的绩效高度相关。

3. 在绩效最好的企业中，项目组合的支出明细情况可以反映出企业所采用的战略。这是另一种为了实现战略一致性的做法——确保各个项目类型、市场、业务领域等的各项支出反映出企业的战略重点。如果企业的经营战略与资源投入水平之间脱节，项目组合就会出现问题，战略一致性也不会存在。战略调整是许多企业的薄弱领域：只有30.7%的企业表示它们的经营战略和资源分配之间有紧密的联系。同样的，这也是绩效最好的企业和较差的企业之间的一个重要差别（只有8.0%的绩效较差的企业实施了这样的战略资源分配，而绩效最好的企业其比例高达65.5%）。

案例：澳大利亚的MARS宠物食品公司拥有全球最完善的组合系统。管理层可以从不同的角度看企业的项目组合。饼状图显示出企业的资源在重要的战略维度上是如何分配的。这些饼状图包括项目类型（资源按突破性、渐进性、连续性和战术性的项目进行划分）、产品类别（优质健康、真空干燥、健康等），以及描述对当前开发项目的资源投入（见图6.6）。然后将这些饼状图及其资源细分，与企业的经营战略和战略方向进行比较。如果存在脱节的情况，则需要在定期的组合审查中对项目组合进行调整。

4. 绩效最好的企业有一个平衡的项目组合：长期与短期、高风险与低风险，以及不同的市场和技术。在这方面，大多数企业都很薄弱，承认所拥有的项目组合不均衡。只有19.4%的企业有平衡的项目组合。请注意，绩效最好的企业在这方面仍旧表现良好，而对于绩效不佳的企业，没有一个做到组合均衡。这是图6.5所示的项目组合的操作中，第二个与创新绩效最显著相关的结论。

案例：博士伦通过控制其短期、中期和长期的项目组合达到平衡。目前，企业约三分之一的项目预计在两年内启动，一半的项目需要三到四年的时间，其他项目则需要更长的时间。它的目标是每季度推出一款新产品。这样的分类使得项目组合团队可以判断组合是否平衡，是否太集中于短期项目。

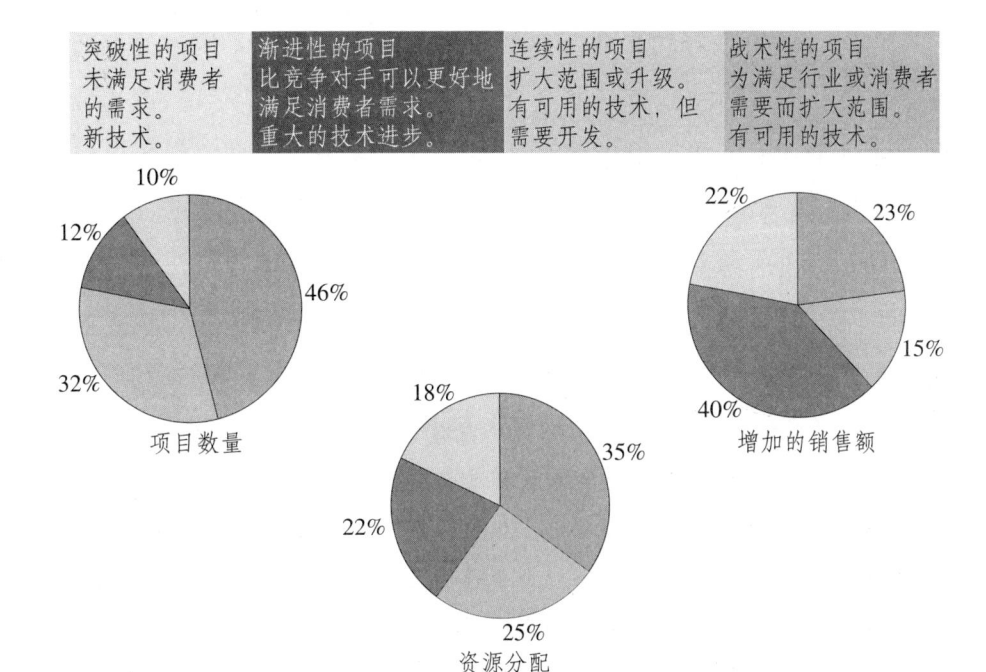

突破性的项目	渐进性的项目	连续性的项目	战术性的项目
未满足消费者的需求。新技术。	比竞争对手可以更好地满足消费者需求。重大的技术进步。	扩大范围或升级。有可用的技术,但需要开发。	为满足行业或消费者需要而扩大范围。有可用的技术。

项目数量:46%、32%、12%、10%

资源分配:35%、25%、22%、18%

增加的销售额:40%、23%、22%、15%

图6.6：按项目类型显示项目组合的三种不同视图。这些饼状图是按项目数量、资源分配和结果（按第一年的增量销售额来衡量）分类。

5. 绩效最好的企业在所开展的新项目数量和可用资源之间取得良好的平衡：它的目标是保持可用资源（人员、时间和资金）与资源需求（项目数量）的平衡，而不是一个时间做很多项目，以致无法高效处理。但是大部分企业在组合管理的这一方面表现不佳，只有24%的企业达到资源项目平衡的目标。这再一次证明绩效最好的企业做得更好，37.9%的企业实现了资源平衡（而绩效较差的企业的比例为4.0%）。

案例：EXFO公司每年进行四次定期的组合审查，确保可用资源与需求之间的适当平衡。EXFO对其项目从最好到最差进行排名，关注每个项目的资源需求或"加载"（每人每天的工作量）。当资源需求超过供给时，它会画一条线：在线下的所有项目都会被暂时搁置。

6. 对于绩效最好的企业，它们的项目组合中包含了价值高的新产品项目——可盈利的、有好的商业前景的、高回报的项目。挑选最好的项目，即对于企业来说价值高的项目，不是一件容易的任务。只有21.2%的企业声称已经在它的项目组合中加入了价值高的项目。绩效最好的企业在这方面表现得更好，37.9%的企业的项目组合中拥有价值高的项目，而绩效不佳的企业则为0%。在图6.5中列出的所有方法中，寻求价值高的项目与企业的绩效最为相关。

案例：美国空气化工产品公司针对所有的项目使用了标准化的项目影响分析，取得了积极的效果。企业用杠杆效益指数对每个项目进行评估，该指数由项目的净现值除以成本来确定。然后，用这一杠杆效益指数对所有项目进行比较并对其进行优先级排序。企业的目的是了解新产品开发团队执行项目所需时间，并根据他们的总预期比较不同平台的项目。这种方式可以帮助项目组合的价值达到最大化。

使用战略桶推动项目的正确组合和均衡

大多数企业的管理层在产品创新中面临的主要挑战是：在产品创新方面，企业应该如何战略性地分配资源，即资源分配到哪些类型的项目、产品、市场或技术领域？企业想在每个领域花多少钱？请注意，如果高管们不为此主动做出决定，那么在该年内企业将会替他们做出一系列较小的、临时的决定。但这样做的问题是，默认的选项几乎总是错误的。

战略桶的模型基于一个简单的原则：实施战略等于把钱投入到具体项目上。因此，实施企业的战略实际上意味着"设定支出目标"。

这个方法从企业的战略开始，需要高管层按照几个关键维度做出强迫性的选择——关于他们如何分配其稀缺资源的选择。这可以帮助创建"资源的包裹"或"桶"。现有的项目接着被分类为不同的桶，并且确定实际的支出是否与每个桶的预期支出一致。最后，桶中的项目会被划分优先级，以达到最终的项目组合——一个可以反映企业管理战略的组合。

案例：霍尼韦尔使用了一个相当简单的分类："梅赛德斯—奔驰星"的资源分配方法（见图6.7）。领导团队从企业战略开始，使用三等份的饼图划分资源。

霍尼韦尔的"梅赛德斯—奔驰星"战略桶模型

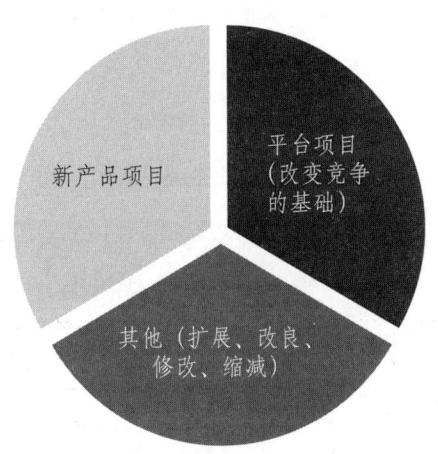

- 管理层制订战略决策基于：
  —项目类型
  —市场细分
  —产品线
  —技术
- 项目将归类到不同的桶
- 每个桶中的项目会进行排序，直至资源用空
  —每个桶使用不同的排序标准
- 资源分配反映了战略的优先级

图6.7：使用战略桶的方法将战略转化为战略组合决策。企业的战略决定了资源在不同的桶间的分配。

- 基础研究和平台开发项目（有希望产生重大突破和新技术的平台）。
- 新产品开发。
- 维护（技术支持、产品改进、成本降低、产品加强等）。

首先，管理层在这三个桶中分配研发资金，将项目归类到三个桶中的一个。其次，管理层对每个桶内的项目进行排序。实际上，这是创建和管理三个独立的项目组合。在不同的桶和项目类型上的支出明细体现了战略的优先级。

确定战略桶的大小

确定战略桶的大小听起来很简单。但是一开始应该如何确定这些战略桶的大小？一般来说，管理层会采用修改过的或精简版的德尔菲法。首先，这个方法从回顾战略以及每个主要的产品线或细分市场开始，包括产品创新战略和目标。其次，评估企业当前的状态，例如，

- 历史回顾——过去几年企业将资金投入到哪些领域（通常是不同的市场、业务领域、项目类型和地理位置的饼状图，非常类似于上述的MARS宠物食品的案例）。
- 评估以往的研发支出所带来的生产力。例如，过去在不同类型的项目或不同业务部门的支出所产生的收益率或生产力是多少？图6.8是瑞士牙科设备公司——Ivoclar Vivadent的案例。（如果生产力无从得出，那么至少需要对过往主要项目的结果进行分析）。
- 再次使用相同类型的饼状图查看当前资源分配的情况。
- 快速检查正在进行的主要项目，包括它们的前景和对这些计划的资源投入。
- 观察一流公司的资源分配情况。（样本数据见图6.9）

$$生产率指数 = \frac{3年累计的销售额}{研发支出}$$

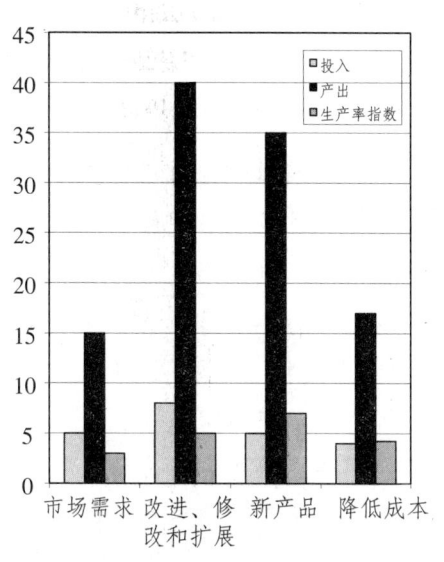

IMEs=改进、修改和扩展

图6.8：企业以往的投入所带来的生产率有助于决定战略桶的大小。上述的例子显示了不同的项目类型的生产率。在这些例子中，新产品的生产率指数最高。

	绩效最差的企业	绩效一般的企业	绩效最好的企业
推广性的开发和包装的改变	12%	10%	6%
渐进的产品改善和改变	40%	33%	28%
主要产品的改进	19%	22%	25%
企业新产品	20%	24%	24%
世界新产品	7%	10%	16%
	~45%	~55%	~65%

10个百分点的差距

注意：纵列加起来可能没有达到100%，因为还有一些"其他"的项目。

图6.9：在制订战略桶的决策时，企业一定要参考一流公司的项目组合。绩效最好的企业更注重创新和有突破意义的项目。

如图6.10所示，这些是决策制订会议所需要的投入。接下来是德尔菲投票，每位高级经理简单地写下他们所认为在几个不同的维度上合理的资源分配。

案例：在一个主要的工具制造企业中，十几个重要的管理人员参与了战略桶年会。会议列出了目前资源的分配情况、当前主要项目的列表、公司的总体经营战略和四大主要产品线的各个战略。然后，高管们对于不同的产品线、项目类型以及世界各地理区域应分配资源的百分比进行投票。这些投票立即被制作成一个Excel的电子表格，显示在大屏幕上。参与者一起辩论，最终达成共识。战略桶就这样被决定了。

在另一家公司，每位高管会拿到100个扑克筹码以及一个"游戏板"，上面会显示各个类别的项目和业务领域。他们将扑克筹码放在游戏板的不同区域上，将必要的资源划分到不同的桶里。这是一种非常直观和有效的方法。

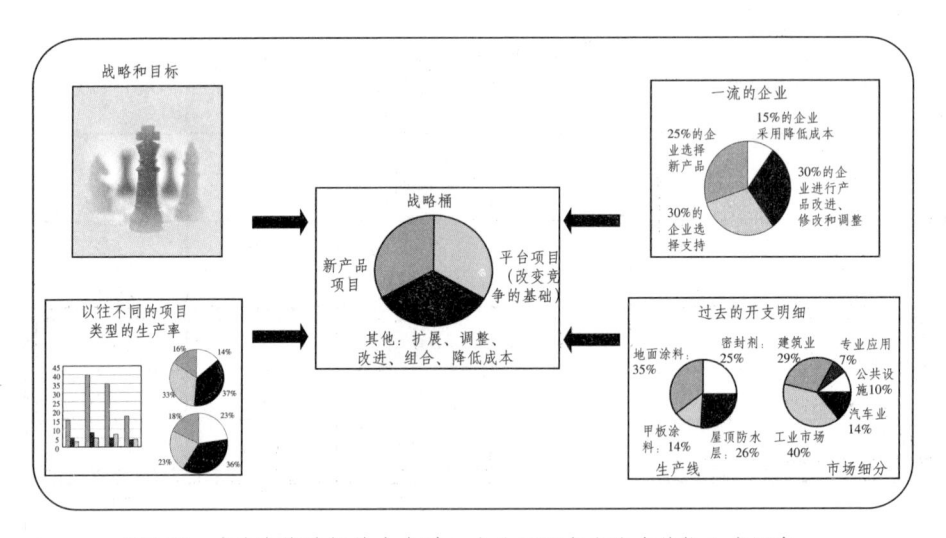

图6.10：在决定战略桶的大小时，企业需要考虑许多的投入或因素，包括在战略桶决策会议上的总结或回顾。

用于战略桶的维度

在战略桶的分配中应该使用哪些维度？某位研发规划负责人给出解答："企业的领导团队认为最能够描述其自身战略的任何维度。"在其他企业，例如，ITT工业集团规定了在每个业务单位使用的维度；ITT使用两个维度，即项目类型和业务领域。霍尼韦尔使用的项目类型如图6.6和图6.7所示，以及与每个业务单位相关的其他维度。图6.11显示了美国一家化工公司所使用的一个典型的三维分割方法。

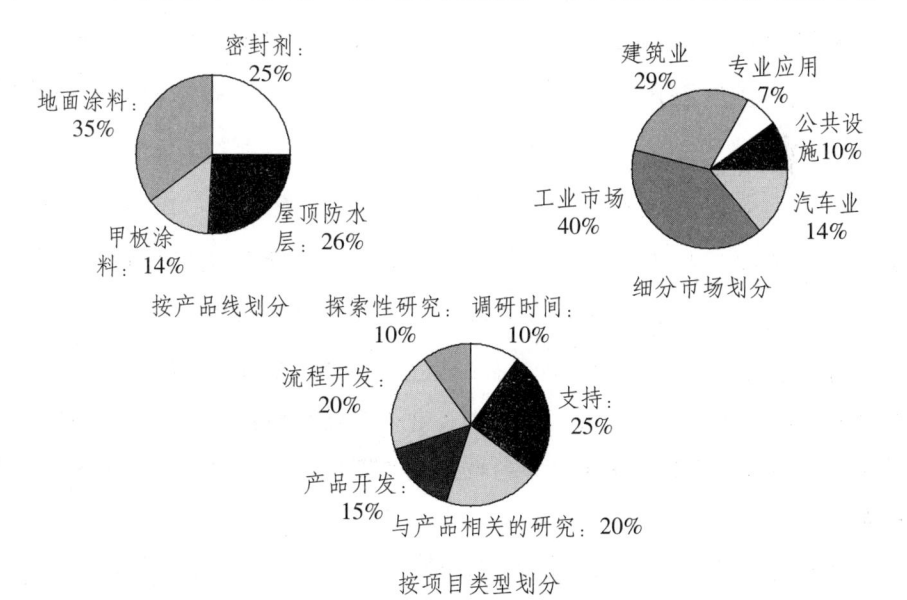

密封剂：25%
地面涂料：35%
甲板涂料：14%
屋顶防水层：26%

按产品线划分

建筑业 29%
专业应用 7%
公共设施 10%
汽车业 14%
工业市场 40%

细分市场划分

探索性研究：10%
调研时间：10%
流程开发：20%
支持：25%
产品开发：15%
与产品相关的研究：20%

按项目类型划分

图6.11：这是一家作为样本的化学企业。它的战略桶使用了三个维度：产品线、市场细分和项目类型。战略桶可以使用两个或三个维度。

企业可以参考图6.12中一些常见的维度。它们按照流行度进行排序，排名如下所示。

- 战略领域：最明显的支出分配是根据战略领域划分。第四章曾谈及并且对其划分优先顺序。也就是说，评估图4.11和图4.12中各个战略领域的吸引力，明确每个领域的优先顺序，然后决定资源的部署，即每个领域应该得到多少资源。

- 战略目标：管理层将资源分配到指定的战略目标。例如，在保卫企业的原有领域上应该花费多少比例？在多元化上呢？在扩展原有领域上呢？

- 市场和细分：将资源按市场分割是最流行的方法。市场往往与上述的战略领域紧密相关。

- 产品线：资源在不同的产品线之间进行分配：例如，在A产品线上投入多少？在B产品线上？在C产品线上呢？产品生命周期曲线图以及每个产品线的战略机会评估可以帮助企业决定这种分配。

- 项目类型：企业可以根据项目类型做出决定或分配（如图6.7所示）。大多数企业使用由项目类型所做的分类，因为大多数管理层都担心分类错误，事实上，企业确实存在太多项目类型分错。

案例：鉴于其积极的产品创新态势，EXFO公司的管理层打算将65%的研发支出用于真正的新产品，另外10%用于平台开发和研究（为了以后的技术开发），而最后25%用于产品的增量（"支持包"，即产品的改良、修改和进步）。

- 技术或技术平台：可以按照技术类型（例如基础技术、关键技术、领先技术和初始技术）或特定的技术平台（平台X、Y和Z）对支出进行分配。

- 熟悉度矩阵：这是企业根据不同类型的市场和技术类型的熟悉

程度对资源进行划分。企业可以使用流行的"熟悉度矩阵",即技术新颖性与市场新颖性,分割资源(类似于第四章中的图4.1)。它有九个单元格,有些人可能认为它的划分太细了。

● 地理位置:主要针对在北美地区的项目,企业应该投入多少比例的资源?在拉丁美洲?在欧洲?在亚太地区?或者在全球的项目?

● 发展阶段:一些企业将早期阶段的项目和处于开发中或更进一步的项目区分开来。它们会建立两个战略桶,一个用于开发项目,另一个用于早期项目。美国通用电话电子公司(GTE)的一个部门将"种子基金"单独分配到早期阶段项目桶中。

流行度	维度	战略桶(例子)
1	市场	市场、细分市场、市场部门或地址位置
2	项目类型	平台、新产品、维护、改进、缩减成本
3	产品线	对于商业银行:存款、贷款、信息产品、外汇、工资支出
4	项目大小	大的/小的;按照每1000美元支出
5	技术	初始/领先/基本技术,或者根据技术类型或领域
6	平台	平台的类型——对于手机:麦克风、电池、屏幕、键盘
7	战略目标	根据特定的战略:保卫原有的领域;扩展原有的领域;多元化业务

图6.12:这些是用于战略桶的常见维度。

大多数企业最多使用上述的三个维度作为它们的战略桶(如果更多的话,决策过程会变得相当麻烦,设计太多的饼状图)。因此,这些战略桶的决策能够帮助企业在相关维度上实现理想的资源分配,以达到目标或"应该是怎样的"情况。

缺口分析——汇总项目

在资源分配或投票之后，企业需要进行缺口分析。图6.13中包括了四个桶，每个桶的支出限额已经确定。现有的项目、建议的项目和暂时搁置的项目被归类到不同的桶中，并且每个桶内的项目都按等级进行了排序。企业可以使用财务标准或评分模型对桶中的项目进行排名。对于图6.13中的两个桶——新产品和销售团队请求，这里使用了两种不同的记分卡计算项目的相对吸引力。对于其他两个桶——降低成本和产品改进，采用了财务指标，对项目进行排名。

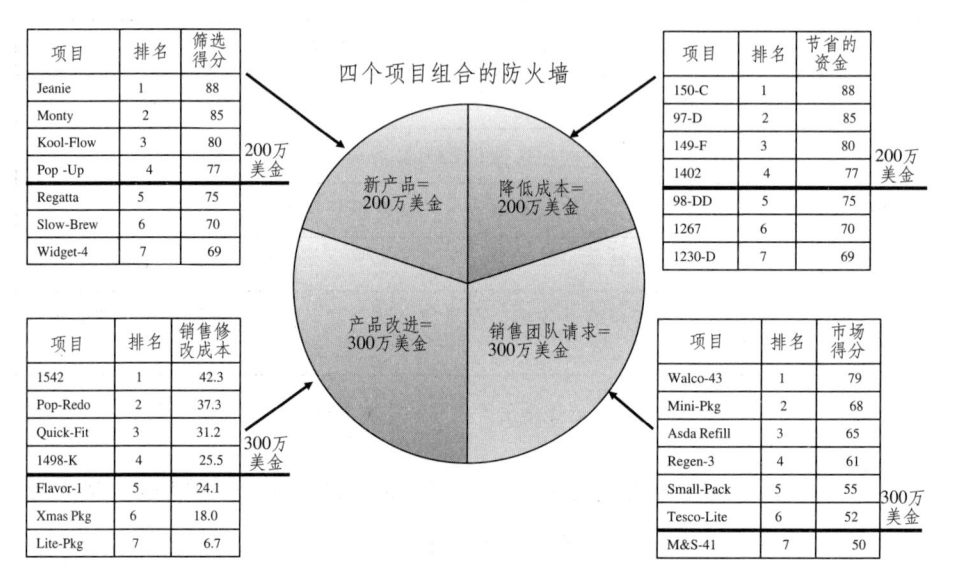

项目	排名	筛选得分
Jeanie	1	88
Monty	2	85
Kool-Flow	3	80
Pop-Up	4	77
Regatta	5	75
Slow-Brew	6	70
Widget-4	7	69

200万美金

项目	排名	节省的资金
150-C	1	88
97-D	2	85
149-F	3	80
1402	4	77
98-DD	5	75
1267	6	70
1230-D	7	69

200万美金

四个项目组合的防火墙

新产品＝200万美金
降低成本＝200万美金
产品改进＝300万美金
销售团队请求＝300万美金

项目	排名	销售修改成本
1542	1	42.3
Pop-Redo	2	37.3
Quick-Fit	3	31.2
1498-K	4	25.5
Flavor-1	5	24.1
Xmas Pkg	6	18.0
Lite-Pkg	7	6.3

300万美金

项目	排名	市场得分
Walco-43	1	79
Mini-Pkg	2	68
Asda Refill	3	65
Regen-3	4	61
Small-Pack	5	55
Tesco-Lite	6	52
M&S-41	7	50

300万美金

图6.13：图中使用了四个战略桶（不同的项目类型），将项目归类到每个桶中。对项目进行排名并按顺序列出来，直到该桶中的资源用完。每个桶使用了不同的排名标准。

接下来，将桶中的总支出汇总，即如果所有的项目都在该桶中进行，则"将会是怎样"。然后在战略上确定在"应该是什么"和"将会怎么样"之间计算出每个桶的支出缺口。请注意，如果图6.13中的所有项目都得到批准，那么四个桶都超支了（截止线表明达到了资源的限度）。企业可以通过立即精简项目或强化（或放宽）未来项目的审批流程，调整项目组合。

不同项目类型中的合理分配

一个主要的战略问题是：怎样的开发项目组合最好、最均衡？例如，渐进性开发还是真正的创新？当然，在理想的情况下，企业的新产品战略应该反映在它的产品开发类型上，即企业投入资金的地方。此外，新产品和项目的分类是产品创新绩效的预测指标。例如，过分强调短期的、小型的项目可能让企业收效甚微。图6.9显示了我们主要研究的分析结果。企业可以根据这些评估自身的业务。

- 渐进性产品改良和变化是主要的类别，占一般企业所有项目的33%；
- 新产品占24%；
- 主要产品的修改占所有项目的22%。

我们看到，这三个最受欢迎的类别中，项目之间相对平衡。请注意，平均来说，非创新的产品（增量、修订和促销活动）占项目的65%。相比之下，对于世界来说是新的产品，即真正的创新，只占了发展项目的一小部分，仅有10%。

绩效最好的企业是否采用特定的项目类型组合？是否存在最佳的项目类型组合？留意图6.9中关于绩效一般的企业与绩效最好和最差企业的对比。值得注意的是，从绩效最差的企业到最好的企业，其项目也向更加创新的、更大胆的方向转变。例如，只考虑最底层的三个类别——主要的修改、对企业来说是新的产品和对世界来说是新的产品。从绩效最差的企业到最好的企业，大约有10个阶级的变化。和股票市场一样，选择合理、均衡的项目组合真的能带来回报！

这个论点并不是说企业只应该进行真正的创新和开发真正的新产品。对于保持产品线的健康和响应客户的要求，产品的改良和修订当然是必须的。但是，当这些增量项目主导了企业的项目组合时，要注意，它开始看起来很像一个绩效不佳的公司。

战略桶的优势

战略桶这一方法的主要优势是它将企业的新产品支出与其经营战略紧密联系在一起。有益的准则之一是不将一个桶中的资源移动到另一个桶中去。企业如果这样按原则操作，随着时间的推移，项目组合和战略桶中的支出会与管理层期望的支出目标一致。当资源的投入真正反映了战略的优先事项，企业也可以达到战略上的一致性。

战略桶的另一个积极的方面是它承认，应该将竞争同一资源的所有发展项目纳入考虑的范围。请注意，新产品不是图6.13中唯一的桶。降低成本和满足销售团队要求也使用很多与新产品相同的资源，也是战略桶的一部分。

通过这种方法，企业可以避免不同类型的项目之间相互进行比较和排序。例如，将主要的新产品项目和微小的修改进行比较。这是因为只有在同一桶中的产品才会被拿来比较，新产品与其他新产品，平台与其他平台——但不是在不同的桶之间。此外，如图6.13所示，对于不同类型的项目会使用不同的评估或评级标准（没有这样有差异的评级标准，当主要的、冒险性的项目与较小的、较低风险的项目进行比较时，无疑后者将胜出。这是大多数公司拥有太多的低价值、"唾手可得"项目的原因之一）。最后，因为战略桶只需要两个步骤——首先将资金分配到桶，然后在桶内对同类项目进行优先级排序，这一过程不需要采用一个适合所有项目的评分或排名标准。

案例：在Chempro的例子中，管理层对四个新的战略领域及企业原有的领域划分优先级。图4.12所示的领域图为这项优先排序的工作提供了很好的指南。企业还考虑了每个领域里被推荐的新产品机会或可能的项目。经过多次的讨论和分析，企业确定了每个领域的支出水平（图6.14是Chempro对资源的部署）。

此外，Chempro的管理层按照项目类型制订了战略桶：真正的新产品、产品改进、成本降低和平台开发（见图6.14）。在图中，选择的领域和每个领域所需的开发属性可以帮助企业决定不同项目类型的资源分配。

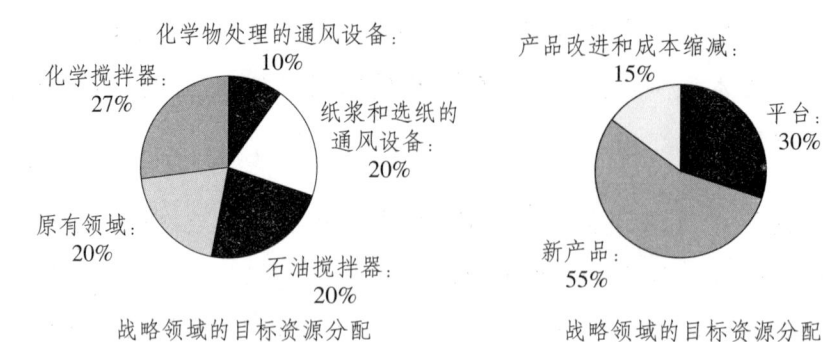

图6.14：Chempro的管理层采用两个维度的战略桶：领域（由产品和市场定义）和项目类型。管理层为向每个桶中投入多少进行"投票"。

总结：战略桶

战略桶是一个简单的概念，但它对企业管理其组合决策的方式有着深远的影响。它不是仅仅让企业选择的项目决定它的组合，而是扭转了顺序——由战略决定均衡的项目组合。它类似于一个业余的投资者和专业的投资组合经理之间的差异。业余的投资者在一段时间只买一只股票，但专业的投资经理会首先决定其战略性的组合细分，包括股票、债券和不动产，然后做出具体的投资决策。本章概述了企业制订战略桶的方法，以及一些实际案例，表明该方法的工作原理。战略桶是将企业的产品创新战略转化为现实的合乎逻辑的工具。所以，企业尝试着使用战略桶的方法吧！它是强大的、可将概念转化为行动的工具。

第七章

企业的战略路线图

Your Strategic Roadmaps

夫未战而庙算胜者，得算多也。

——孙子，公元前490年

什么是路线图

战略规划是一个业务流程，它将市场和行业分析与企业为满足客户在该市场的需求所需的能力结合起来。路线图已经成为建立和显示战略及其要素的有效方式。通过时间这一共同要素，战略路线图在所有的战略和战术决策过程、业务功能和组织单位之间架起桥梁。

路线图是从管理层的视角出发，显示了管理者们如何到达他们想要去的地方或实现他们所期望的目标。战略路线图是一个有用的工具，可以帮助高管层查看企业需要执行的主要计划，确保企业在需要时有足够的能力达成目标。

在产品创新的背景下，路线图明确了企业产品发展的计划。它将企业的创新战略与其新产品计划和开发所需的技术联系起来。路线图有助于识别、选择、按优先次序排列一系列主要产品的开发计划，并提供方法制订、调整和显示下列信息。

- 企业将开发哪些新产品或产品线；
- 企业将开发哪些新产品平台支持这些产品开发；
- 这些新产品开发的时间点和顺序；
- 要投资的技术，无论是通过内部技术开发工作或技术收购和许可。

由此产生的产品路线图为未来的发展项目设置了"地标",即暂定的项目投入。

战略路线图涉及多方面、跨部门的产品规划过程,需要很多战略性的、战术性的和其他的投入。它是一种由战略驱动的资源分配方法,这种自上而下的方法旨在确保拟议的开发项目帮助实现企业的战略和目标。战略产品路线图还可以有效地帮助企业制订进攻计划中的一系列举措。

要注意的是,路线图有不同的类型:战略产品路线图列出了主要产品开发的顺序及其时间点,技术路线图(也是战略性的)描述了需要哪些技术以及何时需要。本章主要介绍了开发这两类路线图的方法,因为它们是密切相关的。

从战略到路线图

我们用一个军事上的比喻说明战略和路线图:你是一位五星上将,在战场上你有明确的目标——那就是赢得战争。当你在地图上计划进攻路线和制胜策略时,你已经确定了一些关键的战略领域——战线或主要战场。但是,当你制订战略时,你会发现沿路必须要面对一些攻击——你必须进行个别战斗,最终才能见到战略的成功。

下面,我们把将军的战略要素转换成产品创新中的战略路线图。

- 目的和目标:企业有什么产品创新的目的和目标?例如,企业在未来三年的增长会有多少来自新产品？目的和目标是第二章的主题。

● 领域、战线和主要战场：这些企业和新产品战略中定义的战略领域（见第三章和第四章）。也就是说，企业计划要进攻哪些市场、技术和产品类型？将把其新产品的工作集中在哪里？

● 进攻计划：企业打算如何在每个战场或领域获胜？企业会发起正面攻击（成为创新者第一个进入），还是采取更保守的等待与进攻战略（快速跟随者）？企业会采用全球的计划，还是"全球本土化"或本地的进攻战略？最后，企业会独自进攻还是试图联盟，与合作伙伴一起进入该领域。这是第五章的主题。

● 部署：企业在每个战场、战线或战略领域上部署了多少部队？做出合理的资源投入和定义战略桶是资源问题的关键。它们是第六章的主题。

● 攻击和举措：这些是企业为了实施其战略必须进行的主要开发项目——主要的新产品、技术或平台开发：企业的战略路线图，即本章的主题。

战术与战略路线图

本章的重点是战略路线图，而不是战术路线图。战略路线图只列出了主要和战略性的发展计划，包括主要的新产品和技术开发。它是长期的，时间跨度可以覆盖未来的五年或七年。

相比之下，战术路线图提供的是更多的细节，包括每个产品的发布、扩展、改进或修改的精确要点。它通常用于产品组或产品线，通常由产品经理制订。一般来说，战术路线图还包含其中产品的本质、属性和性能特征等详细信息。时间周期通常很短，例如一年。

一个五到七年的时间框架可能看起来很长，并且很难预测和计划。的确是这样的！但是要知道，战略路线图是不断发展的或"常绿"的计划。因为它每年都会更新（甚至更频繁），所以只有第一年会按照原计划实施。路线图不是静态的计划，而是滚动的战略在不同时间点的情况。

路线图的目标

路线图的总体目标通常是为产品和技术开发创建动态的、长期的综合计划。在使用路线图时，企业应该至少考虑三个目标。

1. 以系统的、有条理的方式评估长期未来的不确定性。
2. 根据不断变化的市场需求、客户要求、竞争对手的威胁和监管变化制订相应的计划。
3. 随着时间的推移，了解并灵活地调整企业的技术开发和投资计划、产品开发工作、市场需求和高级别的公司战略。

路线图的类型

产品路线图

企业的战略产品路线图明确了它主要的新产品和产品平台按照时间顺序的发展。例如图7.1中的Chempro。在图中，它的产品路线图不仅列出了主要产品的介绍及其上市时间，还明确了开发这些新产品所需的平台和平台扩展。

现有平台扩展延伸到化学搅拌器

原始搅拌器的平台——扩展
化学搅拌器：基本生产线
化学搅拌器：专业的叶轮
化学搅拌器：大功率

扩展平台到石油搅拌器
平台扩展
石油搅拌器：低功率
石油搅拌器：高功率

新平台：纸浆和造纸废物的通风设备市场
通风设备平台
纸浆和造纸废物的通风设备：生产线1（固定架）
纸浆和造纸废物的通风设备：生产线2（浮板）
纸浆和造纸废物的通风设备：大功率

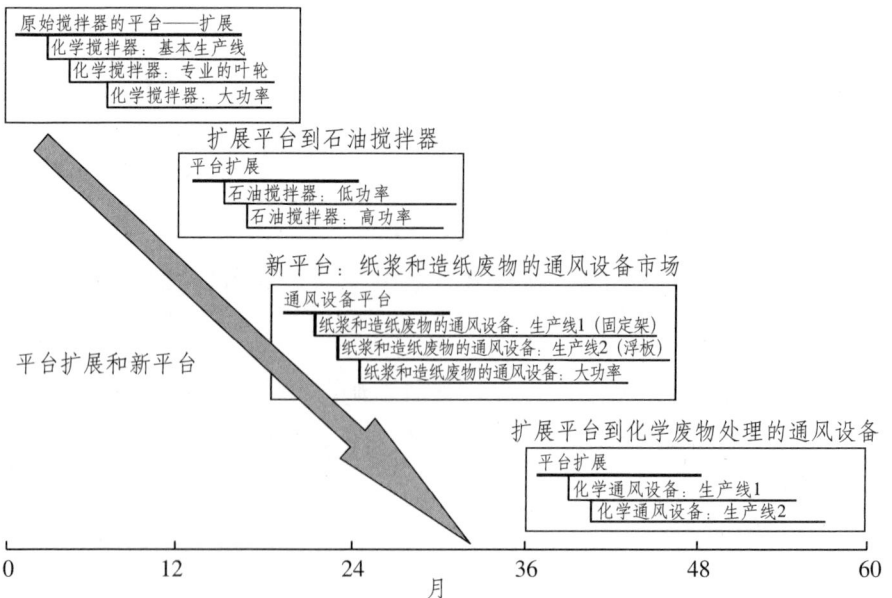

平台扩展和新平台

扩展平台到化学废物处理的通风设备
平台扩展
化学通风设备：生产线1
化学通风设备：生产线2

0　　12　　24　　36　　48　　60
月

图7.1：Chempro开发了其战略产品路线图，其中列出了未来五年内的主要新产品和新产品平台计划。注意这是不断发展或"滚动"的计划。

200

案例：在第四章，我们介绍过除了原有领域外，Chempro还确定了四个领域作为其重点领域，如图4.12所示：
- 化学行业的通风设备（废水处理）；
- 石油行业的搅拌器；
- 化学工业的搅拌器；
- 纸浆和造纸行业的表面通风设备。

虽然这些是与企业的当前业务相邻的领域，但显然该公司没有足够的资源同时开展这四个项目。所以他们制订了一个战略路线图。

第一个主要的倡议或进攻方向是"化学工业的搅拌器"（第一个框）。这个方向容易些，因为它是一个相邻的领域，可以使用公司现有的产品平台。图7.1显示了预期的三种新产品——基本的搅拌器、专业的叶轮和大功率的搅拌器，以及它们在未来24个月内的计划。

接下来，大约一年内，企业开始计划进行第二个平台扩展，这次是"石油搅拌器"（第二个框），即另一个有吸引力的邻近区域。企业计划了两个开发项目：一个低功率的产品线和一个高功率的搅拌器生产线。这项计划或进攻的领域规划了Chempro未来三年的发展领域。

因为企业无法仅仅通过扩展原有平台开发出更多的有吸引力的领域，所以，企业需要开发一个新平台——用于表面的通风设备（化学废物处理的通风设备）。但请注意，管理层明智地选择其原有的基础市场，即目前的纸浆和纸制品行业，作为第一个进攻的市场（第三个框）。这些新的通风设备产品需要在第四年启动，所以平台开发必须在大约25个月内完成（并且在完成上述第一个计划之后）。企业计划了三个开发项目，可以得到三条产品线，生产可用于纸浆和纸张废水处理的通风设备。

最后，这个通风设备的平台将延伸到另一个有吸引力的领域内，"化学废物处理的通风设备"（最后一个框）。这与上述第一个计划"化学搅拌器"相互协作。

发生什么了？企业完全遵循了这个路线图吗？不，没有完全遵循，但是图7.1中的路线图确实提供了一个可靠的初始计划和好的方向。经过企业的进一步调查，发现最初在图7.1中设想的一些新产品项目被证实不太理想，因此它们被淘汰，并被其他项目所取代。这个时间线被证明过于耗时了，计划落实的时间超出了五年。但企业仍然有四个战略领域，也开发了通风设备的平台。最终，企业成功地推出了四个领域的产品，这是可靠的创新战略和有效的执行共同作用的结果。

大多数情况下，在企业的战略产品路线图中，开发项目的具体要求写得比较宽泛。一些名称，诸如"为阿特金斯食品市场提供的低碳水化合物啤酒"或"用于航空航天工业的陶瓷涂层钻头"或如图7.1中所示的"低功率石油搅拌器"等通常是在产品路线图上表示这些项目是如何称谓的。对于尚未定义的项目，一般的方法是用标记指代它们。产品路线图就是提供方向和战略，而不是提供详细的产品和项目的定义的。然而，随着每个项目从创意产生到逐渐推出，项目和产品变得越来越具体明确。

技术路线图

技术路线图源自于产品路线图，它在技术上说明了企业如何抵达目的地。也就是说，它阐述了在企业的产品路线图中落实（开发和采购）产品和平台所需的技术和技术能力。技术路线图是产品路线图的逻辑上的延伸，两者密切相关。实际上，在朗讯科技公司，这两者被结合成产品技术路线图，是帮助管理层将经营战略、产品计划和技术开发连接起来的工具。

平台：可以操作的基地

许多企业现在都将平台看作思考产品开发战略重点的方式。在路线图讨论中，经常可以听到"平台"这一词。例如，在Chempro的路线图（见图7.1）中，它使用了"新平台"和"平台扩展"这样的词。但问题是，像商业领域里的许多词一样，"平台"这个词在不同的行业和上下文中也有不同的含义。

平台的原始概念很大程度上是基于产品的。例如，产品开发管理协会(PDMA)的手册将产品平台定义为"产品系列中的一组产品共享的设计和组件。通过这个平台可以设计出很多的衍生产品。"因此克莱斯勒为其20世纪70年代的轻型车(K-car)生产的发动机变速器提供了平台，多年来大量生产了其他车辆，包括克莱斯勒的迷你面包车。

平台的概念已经扩大，包含了技术能力在内。例如，埃克森美孚的茂金属平台只是一种催化剂和相关的聚合技术，但它已经产生了全新一代的聚合物。因此，一个平台就像企业大量地投资到一个在海洋中的石油钻井平台。从这个平台，企业可以相对快速和低价地钻很多孔。

在产品创新领域，平台确立了它的能力。并且，与每次从头开始相比较，平台的这种能力可以更快速、更划算地带来许多新产品项目。例如，银行中的储蓄软件平台，从中可以开发出许多终端用户的储蓄产品；或者是打印机喷头组装线，从中可以建立多种型号的计算机打印机。

平台的定义还扩大到营销或品牌概念以及技术能力。例如，有些人认为3M的便利贴是一个营销平台，它创造了许多单独的产品。另一个营销平台的例子是通用磨坊的老帕索产品——生产德克萨斯—墨西哥菜系的原料和全餐的生产线。

战略产品（或技术）路线图中通常会明确新的和现有的平台。例如，确定某些市场为战略领域后，企业可能需要某些新的产品平台或技术平台赢得这些市场领域。

案例：回顾Chempro在图7.1中的产品路线图。这个路线图不仅列出了要开发的主要新产品项目，而且还说明了新产品平台，以及何时成功地进攻指定的战略领域。例如，企业最优先考虑扩展当前的平台——用于化工和石油工业的搅拌器和混合器。在没有扩展的可能性后，企业可以构思一个新的平台作为下一个主要计划。

路线图的"预测"功能

一些制订路线的人使用术语"路线图"来表示行业预测。例如，"技术路线图"有时可以用来表明一个行业中技术的预期演变，以及各种技术将逐渐实现的性能。"环境路线图"显示了外部环境将发生什么变化。

严格来说，这些不是路线图，而是预测。路线图是一张基于时间顺序的图，它是企业为了实现其目标，列出将要进行的主要发展计划。为了避免混淆，我们用"预测"一词表示对行业、市场或技术将发生什么的预测，用"路线图"表示企业预期逐步进行的主要发展计划的图。

路线图的逻辑顺序

战略路线图基于对外部竞争和市场环境的了解，即图7.2顶部的"知道为什么"。其中大部分的分析和预测的内容是第三章的主题。

接下来是产品路线图或图7.2中的"知道是什么"。它描述了要提供的计划产品以及何时提出。在一些产品路线图中，还包括预期产品的差异性和产品特性的详细描述，尽管对于战略性的、长期路线图来说，这可能太过于详细。

知道为什么	市场和竞争战略环境预测
了解消费者购买行为（消费者需求和推动力），市场和行业的推力。明确关键目标细分市场，确定有竞争力的产品、优势、弱势和战略。	
知道是什么	产品路线图
列出需要的新产品以及时间点。确定在关键的细分市场产品如何做到差异性。将消费者需求和要求转化为产品特性。设定几年的计划。	
知道怎么样	技术路线图
哪些技术是非常重要的且必须的？将技术与产品特性与绩效结合起来。明确为了实现产品路线图以及保持竞争性，接下来几年需要的技术投入。	
要做的事	行动计划
需要哪些资源和投资？为最优先级的项目制订计划。门径系统可以为产品衍化和路线图的更新提供持续的管理。	

推力（能力） ↑　　拉力（要求，推动力）↓

图7.2：路线图始于战略分析，得出产品路线图。技术路线图由产品路线图而来，最终得到行动计划。

205

下面的是技术路线图，涉及"知道怎么样"的问题。它阐述了在产品路线图中开发产品所需要的技术。在更详细的版本中，它将这些技术与特定的产品特性或绩效特征联系起来。

接着是行动计划或"要做的事"。它明确了达成各个路线图以及接下来的步骤所需的资源。企业的门径管理流程通常是实施产品和技术开发项目的工具。

图7.3显示了各种路线图之间的联系。该图从左侧开始，指出"我们现在的位置"。最右边是"我们想去的位置"，即该路线图的目的。中间的标题是"我们如何去那里"。在图中，从左到右是重要的时间维度。每个地图的特定组成部分（例如主要的市场趋势、研发项目或所需资源）也应在地图上显示出来，用箭头表示链接。强有力的联系（例如推动力或依赖关系）用粗体表示。

案例：图7.4显示了某家航空公司的一系列路线图（修改了部分数据）。请注意路线图是如何从市场和行业趋势分析开始，这表明了航空公司的客户和航空公司的趋势以及环境趋势（见图7.4中的顶部）。

中间部分显示了设想的产品路线图——该航空公司在未来必须或可能提供的新产品。它们按类别分类：新产品和服务、新的发动机、新的材料和新的飞机性能。底部显示为了要提供具有所需性能的产品，企业所需要的技术、发动机、材料、系统。

如图7.3所示，该航空公司的路线图应该标示出其要素或组成部分之间的关联——什么推动了什么，或需要什么，以及确定的关键联系。

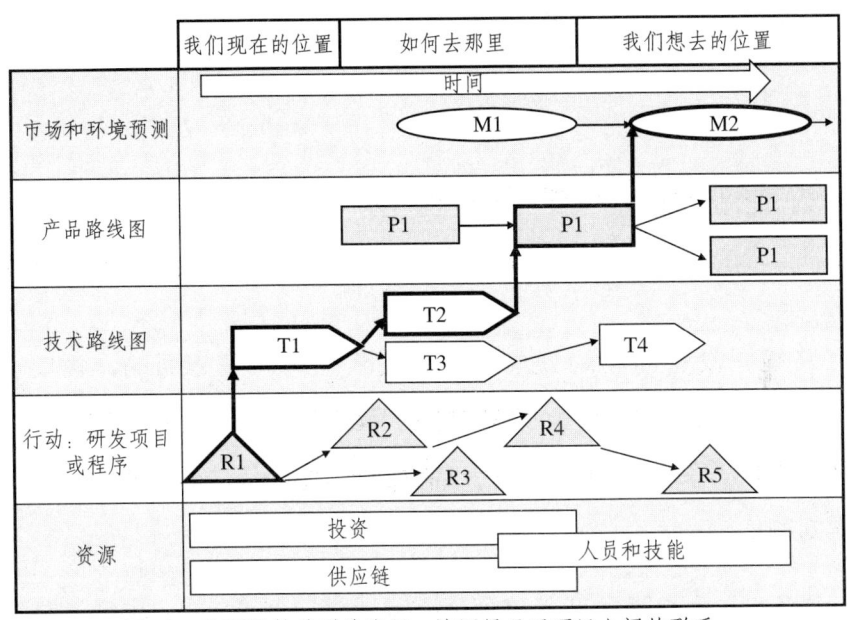

图7.3：从预测转移到路线图。该图显示了项目之间的联系。
从"我们现在的位置"移动到"我们想去的位置"。

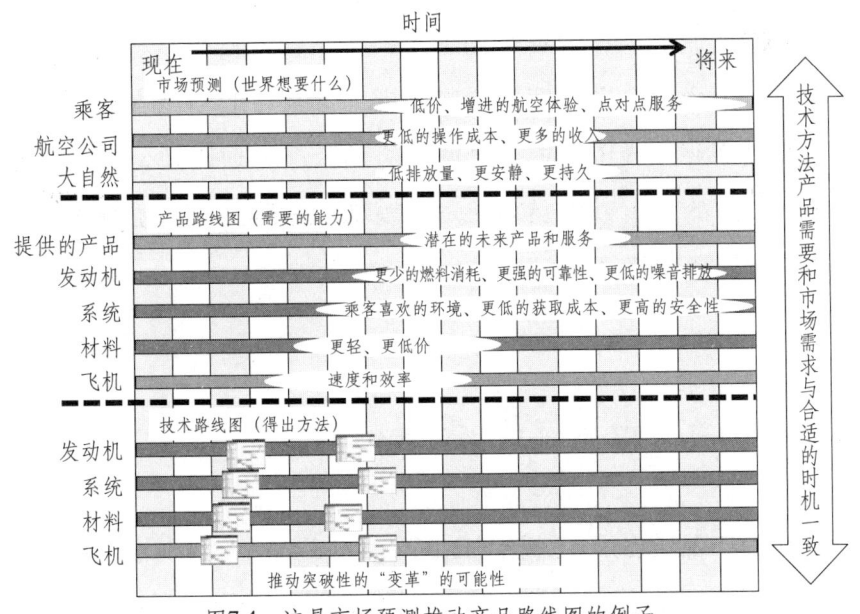

图7.4：这是市场预测推动产品路线图的例子。
产品路线图反过来又推动了技术路线图——本图改编自某家航空公司的路线图。

207

制订企业的战略产品路线图

路线图没有简单的公式。它是战略性的、多方面的，需要多方面的投入。路线图需要一个跨部门的专家团队——我们称这个团队为"路线图任务组"。他们将会合作开发一个框架，组织展示关键的产品规划的信息。

图7.5显示了开发产品路线图的许多投入。其中一些投入是第三章中讨论的市场、行业和技术分析的一部分。第三章告诉我们这些投入试图确定企业可能集中新产品工作的战略领域及其相邻领域。在制订路线图时，企业会重新回顾这些分析，但是目的略微不同。这一次是试图找出企业应该或可能生产的具体的新产品。因此，我们快速地浏览第三章中的分析，以及第四章中领域选择的方法，了解两者是如何帮助企业创建战略产品路线图（和技术路线图）的。

将企业的创新战略直接转化为战略举措

企业的产品路线图逻辑上来自产品创新战略。因此，企业的战略，包括目标、领域、进攻计划和资源部署（战略桶）对于制订产品路线图十分关键。仅仅是将一个战略领域作为最高优先级的说明，可

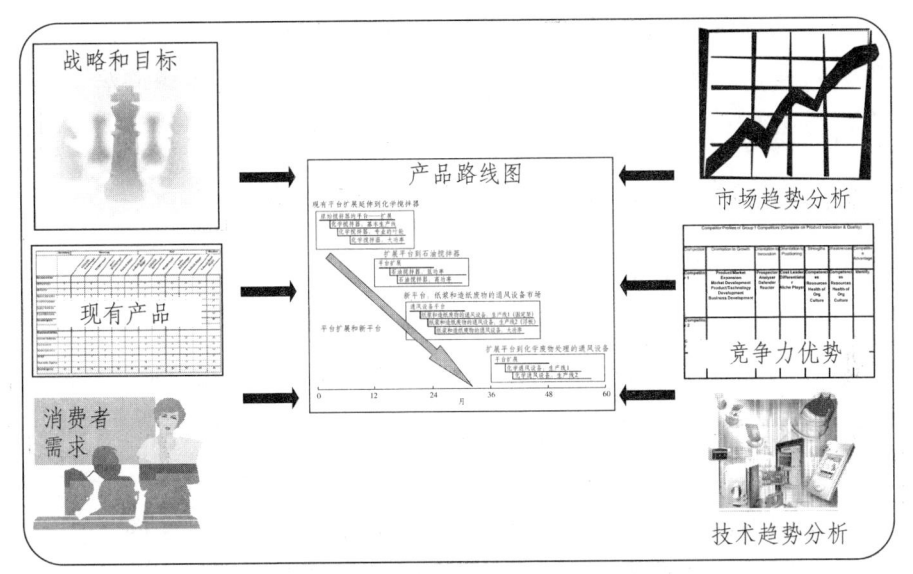

图7.5：这些是制订战略产品路线图所需的多方投入。
其他投入还包括从企业内部和外部的各个来源得到的新产品创意。

以让企业从中得出产品和项目的逻辑列表，而这些列表对于企业进入该领域并获得成功至关重要。关键问题是：在特定的战略领域，企业需要怎样的产品才能在每个领域里取胜？

案例：一家主营卫生保健产品的公司将"伤口护理"确定为它的一个优先战略领域（该公司已经在这个医疗保健行业销售了几个产品，但在这个市场中是一个次要的参与者）。然而，当"伤口护理"的领域成为了它的首要任务时，公司需要怎样的产品使其成为这一市场的重要力量就变得相当清楚。用于制造这些产品的开发程序也合乎逻辑地出现在战略产品路线图中。

评估市场趋势，寻求主要的新产品机会

这是关于预测的练习。企业分析在其战略领域中的主要市场趋势

和变化。回顾企业的市场分析（第三章）并问如下问题：该市场正走向何方？在这个方向上，企业应该（或可以）开发哪些新产品来满足这些新兴市场的需求和趋势？这种市场分析包括预测、趋势分析和行业分析。它比第三章中的初始预测和趋势分析更加深入。

在分析活动中，企业通常能够针对明显的趋势确定需要采取的具体计划。

案例：Clorox公司是一家传统的清洁产品的生产商。1913年，它首次推出用于衣服的液体漂白剂。在过去的十年中，一个新的市场出现了——天然的或"绿色"的清洁产品。这种清洁产品作为企业绿色趋势分析的一部分，Clorox将其确定为企业的一个新的市场：人们期望降低清洁产品对个人和家庭环境的影响，这与广义的"绿色"社会和更强的环境意识相一致。

这个新市场的消费者主要是女性。她们习惯了现有清洁产品的优良性能，但是希望在她们的房子里可以避免使用不必要的化学清洁产品。于是，Clorox公司开展消费者需求的调查（下一部分），了解她们为何有这样的想法。研究表明，消费者的主要动机是基于一个想法，即一些化学清洁产品可能会危害家人的健康。这些消费者主要是出于安全考虑，而不是普遍地想要保护环境。因此，企业的目标消费者变成了"避免化学清洁产品的自然主义者"，她们认为保护家庭和家人的安全是生活的主要任务之一。

通过与供应商的合作，Clorox公司成功地开发出一种不含石化成分的"天然"产品。它从植物中提取、可生物降解、对植物和动物的毒性最低，同时，也是一种有效的清洁产品。效果与现有的合成产品一样好，甚至更好。绿色产品(Green works)逐渐成为公司的一个大获成功的产品，远远超过了公司的最初期望，并被认可为顶级的新品牌之一。

从这个市场趋势评估的案例中，我们可以学到：不要忘记外围视觉的必要性。Clorox很快就发现了"避免化学清洁产品"的这一新趋势。它没有无视这个威胁，而是积极面对，抓住机会，开发出Clorox

的绿色产品。最大的危险是你没有看到即将来临的危险。了解这些威胁和预测机遇需要强大的外围视觉。

聆听客户需求

企业的客户或终端用户要求什么,以及所需的时间点是何时?我们最近针对新产品创意的最佳来源做了一项研究。研究显示,客户需求研究(VoC)对于得出突破性的新产品理念方面最为有效。图7.6是创意的四分图。它以图的形式表示出了相对受欢迎程度(水平轴)和相对有效性(垂直轴)。从中我们可以看出客户需求研究的方法位于图7.6的顶部和右上部分,是最流行和最有效的创意方法。

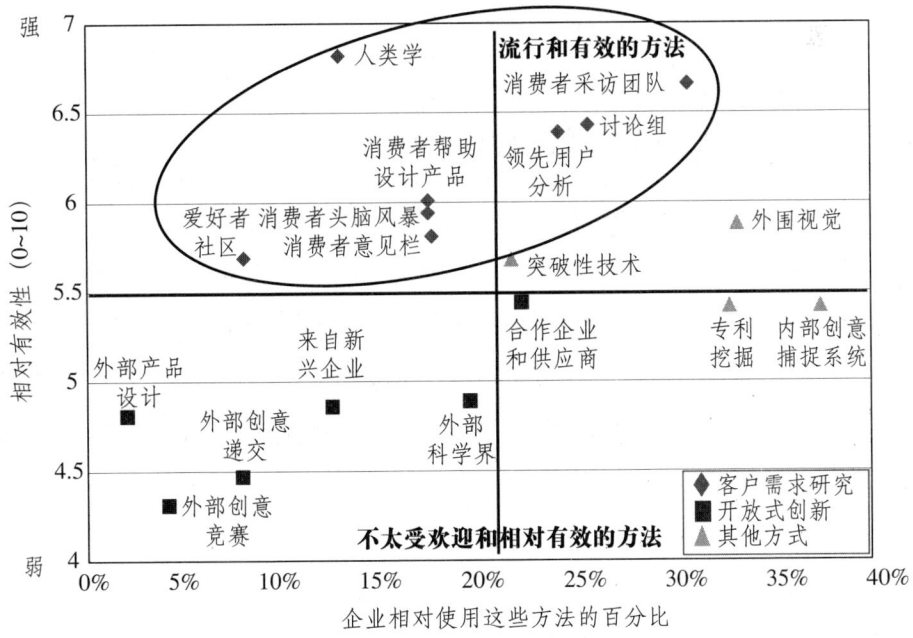

图7.6:产生突破性的新产品创意的最流行、最佳的方法。

案例：德尔蒙（美国）食品公司的宠物食品部门有一个"我爱我的狗"计划。他们通过网络人类学（基于互联网的人类学）为这个计划搜集客户需求。德尔蒙食品公司分析了来自网络博客、论坛和留言板的数据。这样的分析帮助他们找到了宠物食品市场的主题和趋势，确定了关键部分。他们将其标记为"狗也是人"。

接着，德尔蒙食品公司建立了一个名为"我爱我的狗"的在线社区。这个社区是为了与消费者的不断互动而设计的，能够更深入地倾听和理解消费者的需求。该市场的五百名消费者被邀请参与其中，消费者可以凭借密码出现在在线社区上。于是，消费者们使用该社区讨论问题、发博客、聊天、分享照片以及查找资源。他们还参加了公司的调查研究。

公司最终认识到，就像人类的食物一样，狗的早餐食品也有市场。于是新的产品——Snausage Breakfast Bites 于2007年推出并获得了成功。

猫的主人们不要失望。德尔蒙食品公司还成为 Moms Insight 网站的用户，创建了一个猫主人社区——Meow Mixer。公司记录该社区里的讨论、尝试着理解问题、获得灵感和检验产品概念。

在进行这样的研究时，企业有必要明白客户认为哪些是有价值的。客户需求不是企业销售团队的声音，也不是产品经理的声音，也不是科学家和工程师的想法。上述这些是好的意见的来源，但与客户需求研究是不一样的。客户需求研究是探究利益、客户问题或客户痛点的，专注于他们没有说明的、不具体的、经常隐藏起来的需求。它超越了客户表达的需求或一份产品规格的列表。图7.6显示了消费者采访团队、人类学、讨论组和领先用户分析是产生新产品创意的主要四种方法。

回顾企业现有的产品

在这个步骤中,企业将深入地了解当前的产品,确定哪些产品是陈旧的、哪些应该进行修改,还有哪些应该被更换。观察企业当前的产品线,以便将每个产品线都定位到产品生命周期曲线上,如图7.7所示。有些产品线是成熟的或衰落的,有些可需要增强、修改或替换。

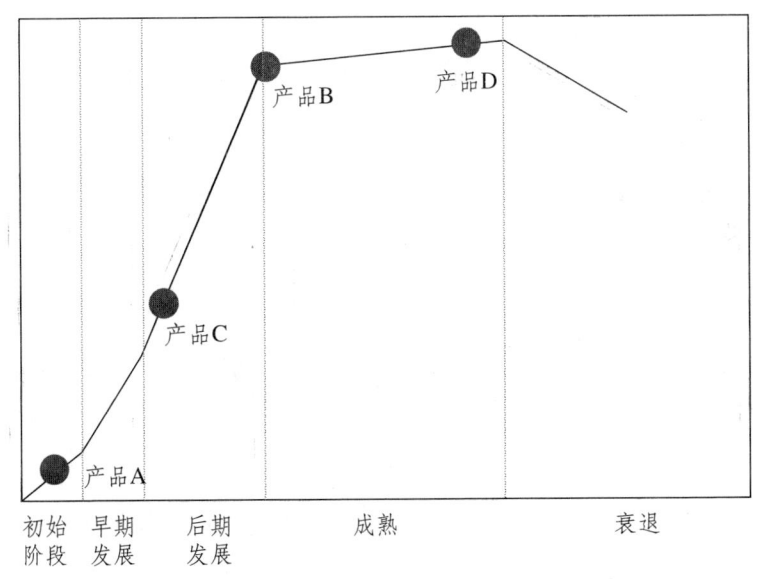

图7.7:将主要产品定位到产品生命周期曲线上,以便预测未来的销售和前景。那些即将成熟或衰退的产品可以作为被替换或改造的候选。

但更好的是,企业可以绘制所有产品的项目生命周期曲线——它们的过往以及它们的预测,如图7.8所示。对产品生命周期的预测往往显示了企业是否需要或何时需要更换产品,或者当某些产品变得陈旧或过时时，企业甚至可能需要一个新的平台。此外，还可以帮助企业识别产品线中的缺口。由此，他们可以在产品路线图中插入路标，指代这些需要开发的地方。这些生命周期曲线也可能预示着危险，显示出企业需要一个积极的产品路线图，以及很多新产品。企业可以定期采用这种方法，保持产品线的时效和完整。

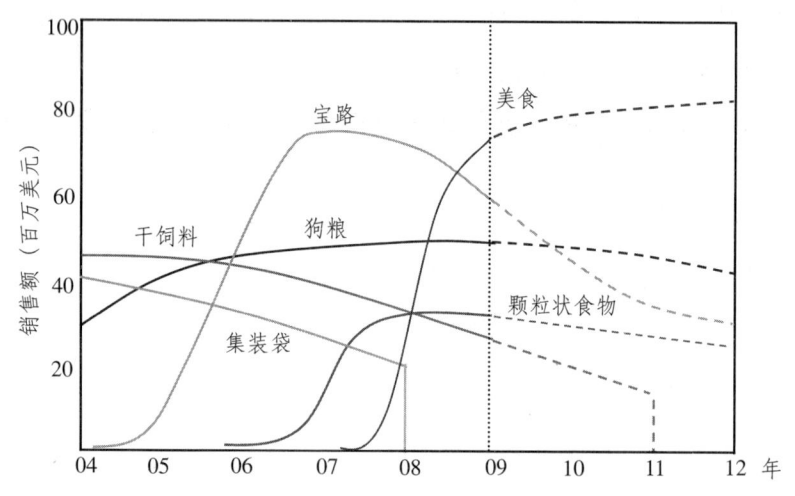

图7.8：用产品生命周期曲线（过去和预测）对企业当前的产品进行分析。这可以帮助企业发现问题和机会，以及产品路线图对新计划的需要。

回顾企业的平台发展计划。它是在平台最初获得批准时开发的。大多数针对平台开发的企业案例都列出了随着时间的推移，企业将在该平台上发展或构建的产品；这就是所谓的平台发展计划。图7.9是关于平台发展计划的例子。企业可能会发现在它当前的产品路线图中，可能已经有一些周期较短的开发计划，还有应该添加一些其他的计划，或者该平台发展计划需要更新和修订。

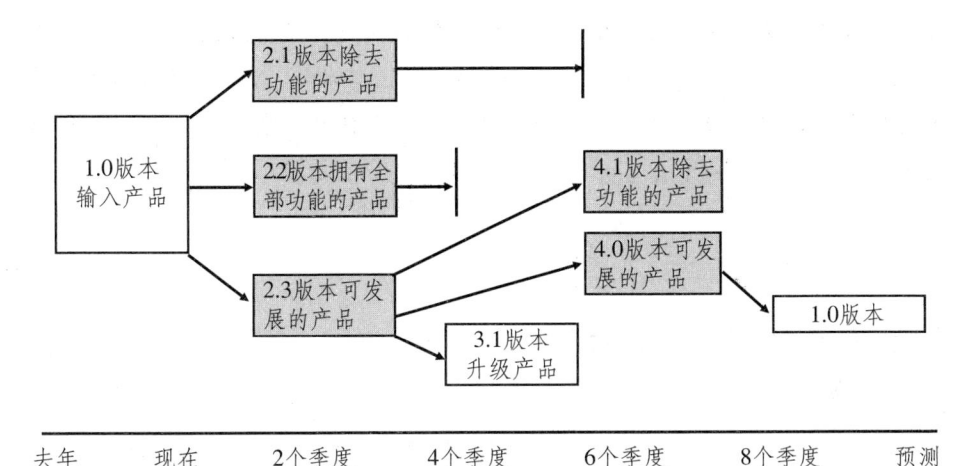

图7.9：观察企业的平台发展计划。通常它是平台战略和业务案例的一部分。企业可能会发现当前是合适的时机，可以将一些设想的项目加入企业的产品路线图中。

开展可靠的竞争力分析

和竞争对手比较起来，企业的产品和产品线处于哪个位置？在这个方法中，企业需要评估竞争对手当前和未来可能推出的产品、它们的优势以及企业自身和它们之间的差距在哪。这个方法指出，企业目前或在可预见的未来需要有新产品。主要的问题包括：

- 相对于竞争对手，企业提供的产品怎么样？
- 企业生产的产品的相对优势或弱点是什么？
- 在一到三年内，企业的竞争对手将会生产什么样的产品？
- 企业的哪些产品需要被替换或加强？

案例：在第三章中我们提到了一家澳大利亚的反渗透过滤设备公司。该公司密切地关注它的主要竞争对手，即一家拥有相同技术的加拿大公司。在对这家公司的竞争分析过程中，澳大利亚的公司分析了对方的专利地图、贸易展、行业新闻公告、技术或科学会议等。通过分析，他们可以预测竞争对手会有怎样的产品路线图，包括他们将推出具有什么功能的新产品，何时推出。企业也可以由此准备自身的产品。

评估技术趋势，寻求新产品的机会

这一次带着这些问题回顾企业的技术预测（第三章）：这项技术预测可能带来怎样的新产品？这项新的或改进的技术可以带来新产品吗？这些新产品是什么？它们有怎样的特征？

案例：上文提到的反渗透过滤公司也定期进行技术预测，主要是预测新的过滤面将达到怎样的性能（液体流量）。相对于常规的水处理系统，过滤系统在一定的表面面积和压力下可承受的容量越大，就越经济，因此也更具竞争力。通过这种方式，公司能够根据其改进的过滤技术，开发并推出针对新用途的产品。

另一个同样重要的问题是：考虑到企业能够开发或以后将会开发的新产品，它的产品路线图是怎样的？它需要哪些新技术和新技术的平台开发，以及在什么时间点？

案例：在手机行业中，每一代新手机都包含了越来越多的娱乐功能和其他消费功能，包括拍照、视频、在线观看电影等。这些新的特性和功能对手机用户来说是非常有益的，但对技术开发人员的要求却非常高。所有的这些新功能，例如，在线观看电影需要很大的电量，这超出了目前电池的能力。因此，基于当前的锂离子电池，手机制造商正在努力研究下一代的电源技术和解决方案，也许是一种新型的电池或一种燃料电池，或者更节能的手机。

另一个关键的问题是：有什么突破性的技术正在出现，可能带来差异化的新产品？图7.10是第三章提到的突破性技术的图表，但这次有所不同。图7.10左侧的图表显示了一般的突破性技术，增加了"新的性能维度"，而且技术的改进是针对时间绘制的。右图显示了两个性能维度。垂直轴指代传统的性能。在垂直轴上，越往上表示企业利用现有的技术对当前产品改进得越多。水平轴是新技术及其性能。

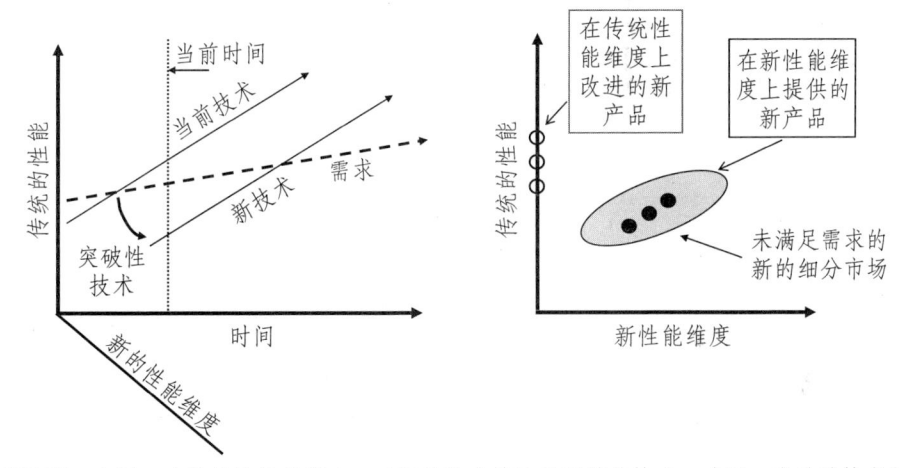

图7.10：左图：在传统性能维度上，破坏性技术落后于当前的技术。右图：突破性技术创建了一个新的性能维度。因此，采用新技术的公司在两个维度（阴影区域）上操作，而那些执着于旧技术的企业都固定在了垂直的维度上。

传统的供应商们都限制在了这个垂直的维度上，逐渐进行产品改进——小的白色的圈。但采用新技术或突破性技术的企业在图7.10右侧的二维平面上运行。他们的新产品是椭圆形区域内的黑色圆圈，它们是在完全不同的维度上有新的功能和特性。

企业需要不断关注自身行业内的技术环境，寻求更好的技术，以便更好地满足当前客户的需求。企业要了解创新和更替的动态变化，寻找当前技术无法满足的客户需求（或新的需求），评估新技术是否可能满足这种需求。企业要比客户看得更远，找出他们真正的需要，而不只是他们想要的。企业也要比主流市场看得更远，寻找出少数的、能够从新的解决方案中获益最多的潜在客户。然后，企业进一步寻求新产品的机会！

初步选择主要的计划

在图7.5的路线图中，六种不同的战略投入可能会得到一系列的新产品。除此以外还有别的投入，例如企业员工提出的创意、企业内部的头脑风暴和创新方法，以及图7.6中展示的其他方法。在企业当前的路线图中，还有一些正在进行的项目，以及一些由于监管要求或新的行业标准而"必须要做"的产品。

此时，路线图任务组需要召开一个全面的、时间可能较长的路线图会议。这个会议至关重要，参与人员必须包括营销经理、产品经理和技术经理，因为这是一个综合的跨部门的工作会议。在这次重要的会议上，路线图任务组要暂时选择一些新的、现有的和被提议的项目，将其列入路线图中。

由此产生的战略产品路线图可能类似于图7.11。该图是由一个手机制造商的案例改编而来的。

```
时间 ↓
```

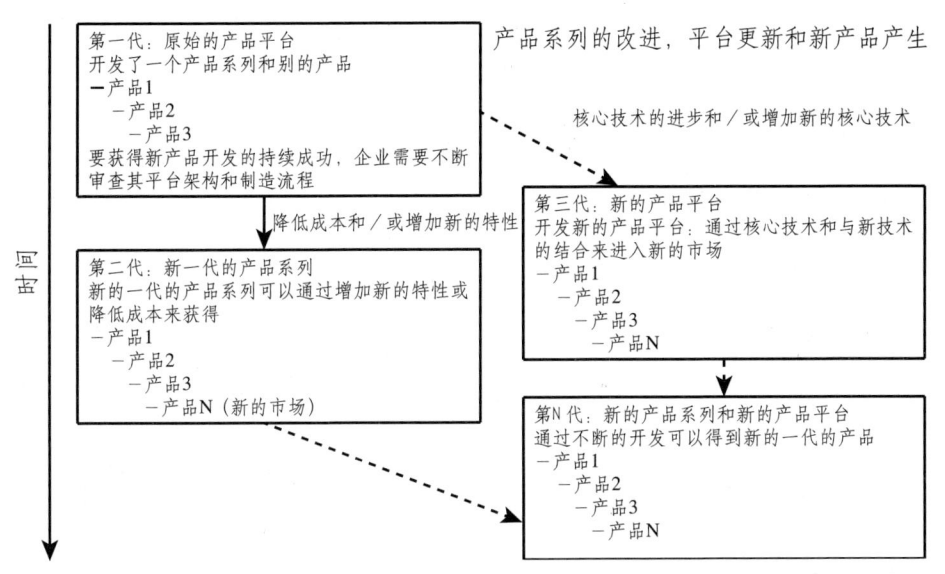

第一代：原始的产品平台
开发了一个产品系列和别的产品
  — 产品1
    — 产品2
    — 产品3
要获得新产品开发的持续成功，企业需要不断审查其平台架构和制造流程

产品系列的改进，平台更新和新产品产生

核心技术的进步和/或增加新的核心技术

降低成本和/或增加新的特性

第二代：新一代的产品系列
新的一代的产品系列可以通过增加新的特性或降低成本来获得
  — 产品1
    — 产品2
    — 产品3
    — 产品N（新的市场）

第三代：新的产品平台
开发新的产品平台：通过核心技术和与新技术的结合来进入新的市场
  — 产品1
    — 产品2
    — 产品3
    — 产品N

第N代：新的产品系列和新的产品平台
通过不断的开发可以得到新的一代的产品
  — 产品1
    — 产品2
    — 产品3
    — 产品N

图7.11：这个战略产品路线图（改编自某手机制造商）的例子显示了产品随时间（纵轴）的发展和新平台的发展。

这次会议的主题基本上是关于组合审评和门径决策的会议。

• 门径会议：管理层会对新产品项目（以及资源投入到下一阶段的决策）做出过关/淘汰的决定。一般来说，主要项目在门径过程中需要经过五个入口，如图7.12所示。它从创意筛选（入口1）开始。

• 组合审评：组合审评小组召开会议，审查一系列新的和正在进行的开发项目，确定其优先顺序。通过这种方式，他们可以做出过关/淘汰和资源投入的决策。

由此看出，门径会议倾向于关注一个或几个项目，并且更深入地讨论每个项目。组合审评小组会考察全部项目，但肯定没有对每个项目进行那么详细的考察。

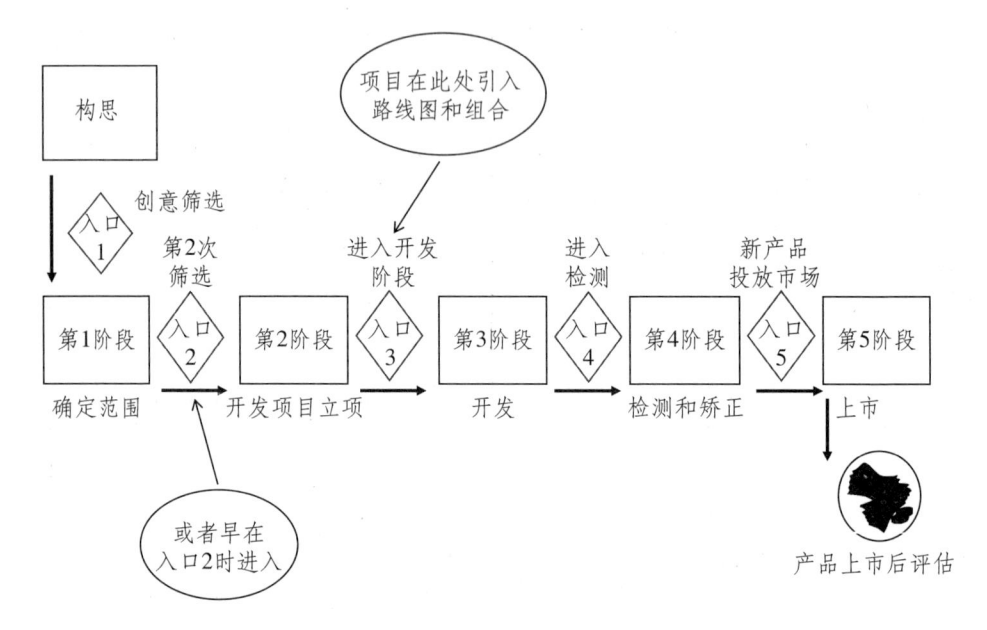

图7.12：被提议的项目进入企业的创意发布系统，即门径系统。
这些项目会在产品路线图中接受持续的门径审查，如有必要可能会被淘汰。

在这个路线图和项目选择的会议上，项目组必须考虑在不同时间范围内的新产品项目。一个路线图会包含建议在未来5~7年内完成的项目。因此，在路线图会议上，需要考虑的新产品项目包括：

• 正在进行的项目：这些是正在进行并将在不久就推出的主要新产品项目。这些项目已经在企业的创意发布过程中，也在其开发组合（如果是在入口2后）和当前的路线图中，也有确定的发布日期。在路线图会议上，企业需要确认这些项目是否会继续纳入更新的路线图中（或者如果有否定性的信息，则可能需要将其移除）。

• 新的但紧迫的项目：这些是提议立即开始的主要新项目。对于这些提议的项目，路线图会议相当于入口1的创意筛选会议。"通过"的项目会进入到路线图中（进入第1阶段，即图7.12中创意发布门径系统的确定范围阶段）。

● 未来的项目：这些是提议将在未来进行的主要新产品项目。这些未来的新产品项目会作为地标插入到路线图中。

使用记分卡方法进行早期的过关／淘汰决定

针对一系列新的、潜在的项目，路线图任务组会召开一个初步的门径／组合会议，考察这些战略路线图的候选项目（仅限于主要项目）。但是，面对一个长的、可能令人生畏的列表，企业该如何选择路线图中的产品和项目？这不是一件容易的工作，特别是因为这些提议的大多数产品和项目只是一个创意或概念，包含非常有限的信息。正如一位执行者所说，"仅仅是一个人眼中的闪光点。"

对于这些数据资料很少的早期阶段项目，一个最好的做选择的方法是使用记分卡。记分卡会查看一些定性因素，这些因素能够很好地表示出成功、盈利性和战略重要性。记分卡方法也被证明是在没有可靠的财务数据的情况下，帮助企业做出早期的过关／淘汰决策的有效方法。

图7.13是一个记分卡方法的样本。它由六个因素组成，每一个都由路线图任务组或门径／组合审评组成员评分。总项目分数成为了过关／淘汰的标准（最高分数为12分；所有评估者的平均分数的60%或7.2分被认为是可接受的最低分）。每个项目的总分也可用于对项目进行排名和划分优先级。目前已经在开发流程中的项目（因此在当

前的路线图中）也可以被重新评分（或使用其在最近的门径会议中的得分）。

标准	低 (0)	中等 (1)	高 (2)	分数
战略适应性&重要性 • 创意与企业和/或与创新战略一致性	• 与企业和创新战略不一致	• 与企业和/或创新战略略微一致	• 与企业和创新战略高度一致	
产品和竞争性优势 • 创意对于市场的独特性	• 与市场上现有的产品类似或只有很少的独特优势	• 比市场上现有的产品较好，有一些独特优势	• 明显比市场上现有的产品好，有很多独特的优势	
市场吸引力（程度） • 市场对于企业的新颖性 • 市场的竞争性	• 完全新的、不熟悉的市场 • 市场有高度的竞争性	• 稍微熟悉的市场 • 市场的竞争性相对一般	• 非常熟悉的市场 • 市场的竞争性较弱	
协同作用 • 企业的核心竞争力和优势与市场、制造/操作、销售和/或分销的一致性	• 核心竞争力和优势不存在或只有很少的一致性	• 核心竞争力和优势与其有相对的一致性	• 核心竞争力和优势与其有高度的一致性	
技术可行性 • 企业对于技术的熟悉度	• 技术对于企业完全是新的	• 企业对技术相对熟悉	• 企业已经存在该类技术可以利用	
财务回报和风险 • 财务机会的大小	• 有限的财务机会	• 一般的财务机会	• 极好的财务机会	
建议	过关	淘汰	暂时搁置	改变线路	总分数	

图7.13：使用一流的记分卡方法对企业的产品路线图中的新产品项目进行早期的过关/淘汰决策。

气泡图：项目组合的概览

一旦主要的新产品开发项目得到了暂时的"通过"决定，企业就可以知道所得到的组合和路线图的性质。图7.14到图7.16提供了一些有用的角度，使用了记分卡结果中的一些因素。这些组合气泡图中应包括新的和现有的主要项目。

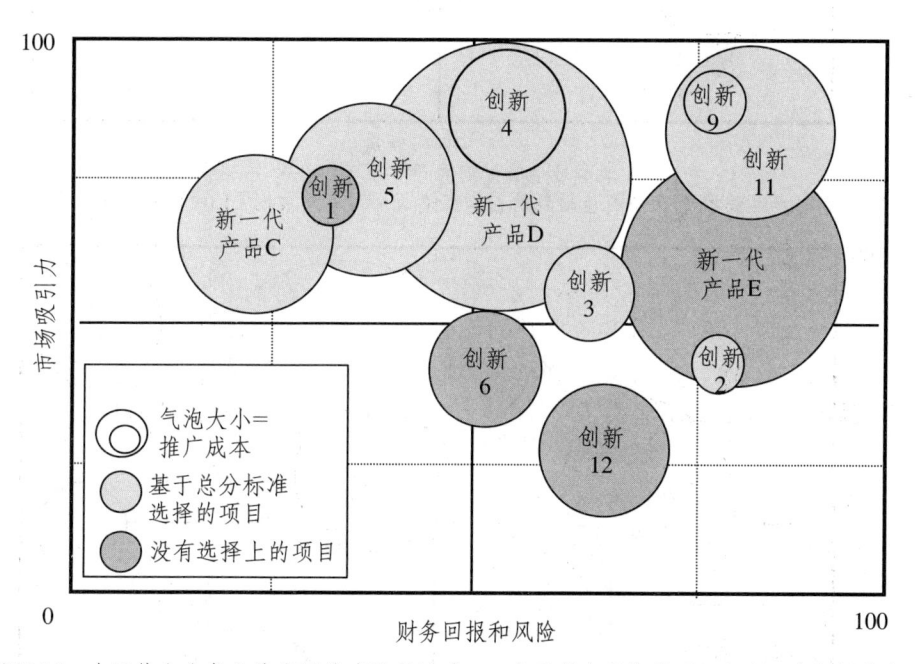

图7.14：在评估企业产品路线图的建议项目时，一定要考察预期的项目组合，包括新的和现有的开发项目。这里是一个角度，它使用了来自图7.13中记分卡的两个因素。

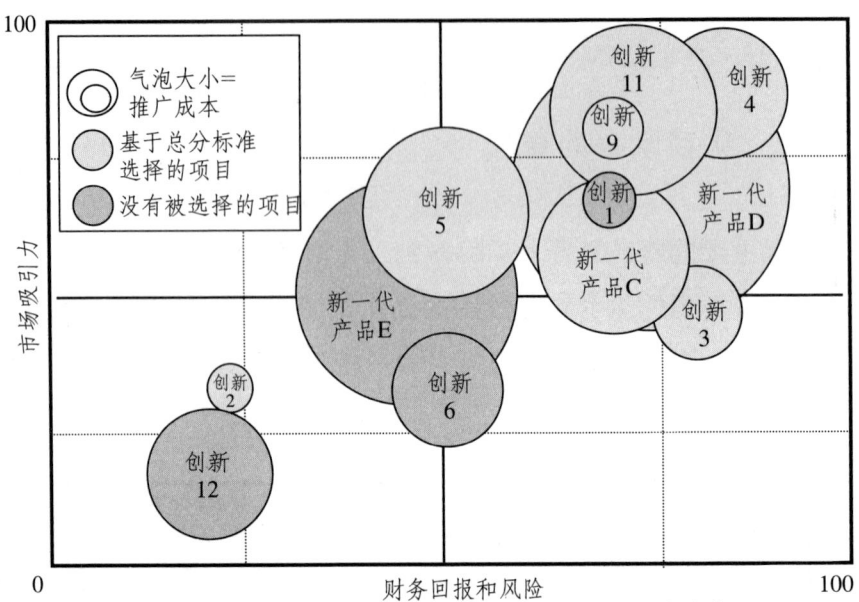

图7.15：这个气泡图展示了预期的开发项目组合的另一个角度。它是产品路线图选择最佳项目的指南。这两个因素来自图7.13中的记分卡。

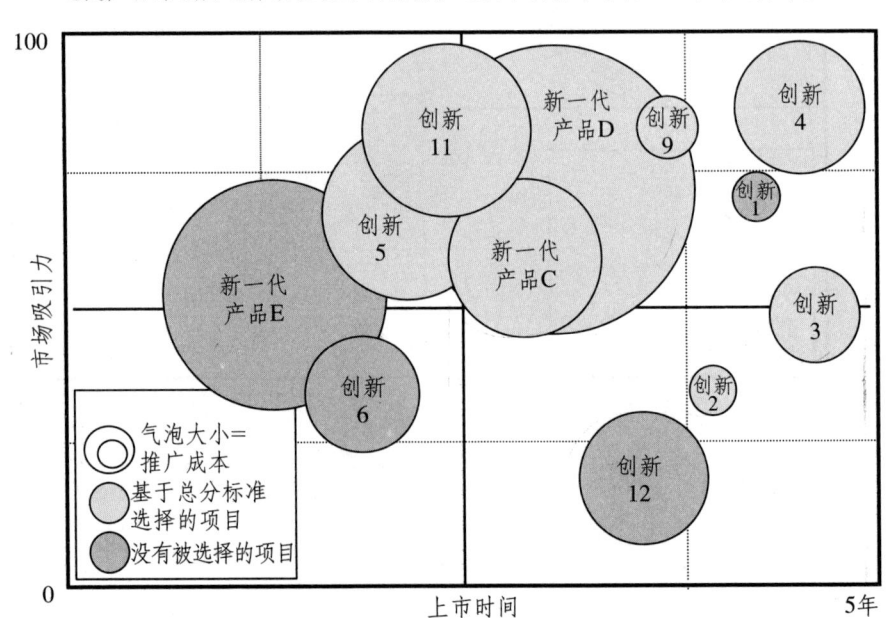

图7.16：为企业的路线图选择最佳的创新项目可能需要多个角度。此气泡图使用了来自记分卡（图7.13）的一个因素和上市时间。

224

进入创意发布门径系统

在此路线图或门径／组合审评结束时，企业的路线图任务组应该已经为其路线图暂时选择一些新的项目（以及确定的已经开展的项目），但是对新进入项目的投入是不确定的。

- 被认为是"即将来到"的项目会获得有限的资源，开始成为企业门径系统中的早期项目（他们通过入口1，进入图7.12中的第1阶段）。
- 有一些更长远的项目被提出来，因此它们只是未来的发展计划。所以，企业在其路线图上建立了一个地标。但这些项目不在其开发组合中，它们不需要财务投入，也还没有进入企业的创意发布系统。

一旦进入门径系统，企业就需要有一个项目团队负责前期作业和尽职的调查，为每个将要开发的新产品建立商业档案。当项目通过入口3时，它已经有了强烈的发展趋势，该项目已经"真正地处于"路线图中。（请留意，早期阶段的项目，即位于图7.11中第1阶段和第2阶段的项目，通常没有明确的定义，也缺乏关键的财务数据，因此企业不会做出明确的投入的决定。这些早期阶段的项目只是暂时处于路线图中。）

闭环式反馈模型

图7.17是一个闭环式反馈系统。路线图任务组制订了暂时的路线图，将开发项目加入企业的创意发布过程或门径系统。当一个项目结束了一个阶段，需要资源进入到下一个阶段时，项目组会召开门径会议。他们也会进行组合审评，检查组合中的发展项目是否健全、有活力并且均衡。

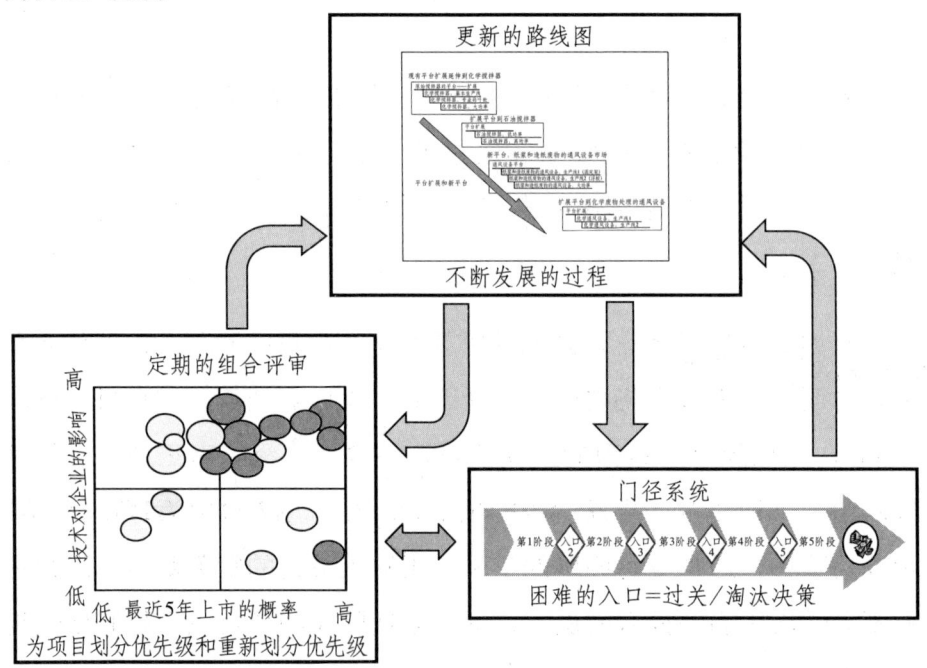

图7.17：路线图是闭环式反馈系统的一部分。有人为路线图提议新产品。这些新产品经常在门径和组合审评中被考察，它们可能会被淘汰或被重新确定优先级。

随着项目的推进，一些项目会遇到问题——新的数据可能暗示市场状况不佳，或者会面临更困难、更昂贵的技术上的挑战。这样的项目可能会被降低优先级，甚至被淘汰。其他一些项目的前景可能逐渐越来越好，可以提升其优先级并加速上市。因此，这些不断进行的门径会议和组合审评为项目组合提供了持续的反馈和改进。这引起了战略产品路线图的变化。这是动态的、不断发展的过程（见图7.17）。

案例：Kennametal是一家主营工具部件的制造公司（工具中的消耗品，如钻头）。作为其创新战略发展的一部分，该公司选择机身行业作为它的优先项目（该公司已经在汽车行业中占据了有利的位置，特别是在美国）。曾经有一项对全球飞机制造商（空中客车公司、波音公司、庞巴迪公司等）的客户需求研究。该研究表明对于起落装置的加工是最具挑战性的加工任务之一。对于Kennametal来说，这意味着它可以利用其优势提高该加工任务的生产率。公司在研究客户需求后，确定一系列的起落装置项目，将其暂时放入产品路线图中。

每个项目都有一个指派的团队领导和团队，并且要进入Kennametal的ACE新产品流程——一个非常强大的门径系统。但是，通常情况下，事情并不总是按照计划发展。一些项目遇到了比预期更困难的技术障碍，成本上升。其他项目的市场需求也没有原来假设的那么大。因此，当一些"战略计划"通过入口1（创意筛选）时，它们看起来很棒，但到达入口3时，看起来却没有那么有利可图了。因此，管理层面临着艰难的抉择，（正确地）淘汰了一些项目，即使它们已经处于战略路线图中。

这里的重点是：路线图是"常绿"的，并且随着新信息的出现而不断改变。路线图任务组可以使用图7.17中的闭环式反馈模型，依靠其门径系统和组合审评获得反馈和更新。

艰难地抉择

一个反复出现的问题是，公司新产品系统的门径要么不存在，要么不太锋利。这样的结果是，项目一旦开始进行，就很少会在入口处被淘汰。如此一来，像图7.17所示的路线图所需要的反馈和调整也不会存在。正如一位高级经理所说："项目就像一列特快列车，在轨道上加速行驶，偶尔在车站入口处减速，但却从来没有停下，直到它们到达最终的目的地——市场"。

案例：在一家高科技通信设备制造企业中，项目一旦通过入口1（创意筛选），它就被牢牢地放在了企业的产品路线图中（不是暂时的）。企业对这个早期项目的投入是如此的具体，以至于将它的预期销售和利润也归入到了业务部门的财务预测和计划中。一旦加入了企业的财务计划，该项目就无法改变了：该项目不会从路线图中淘汰。实际上，入口1之后的所有入口都变得形同虚设。

这家公司的管理层忽略了一点，即创意发布过程是一个漏斗，而不是隧道。并且，在入口1之后的入口也是过关／淘汰点，不佳的项目应该在那里被淘汰。这不应该是1个入口5个阶段的过程。项目组应该定期在门径和组合审评中仔细检查路线图中的项目，如果需要就淘汰该项目！

在继续前进之前的一些思考

主要计划的战略产品路线图（包括开发、产品和产品平台）是一个强大的概念，可以与战略桶一起使用，也可以单独使用。这一点在上一章中已经阐明。企业的路线图应该保留在战略层面，也应包括主要项目的地标，虽然其中的一些地标尚未进行详细规划。它应该是一个长期的规划，而不仅仅是今年的产品和项目的清单。

我们已经介绍制订战略产品路线图的方法，它需要多重的投入和跨部门的路线图专家工作组。这个方法是有效的，它的思考方式可以帮助企业确定如何实现其新产品目标。它还非常直观地显示了计划的要素。现在，我们进入下一步，即制订技术路线图，阐明企业为了实施产品路线图所需要的技术，以及何时需要这些技术。

制订企业的技术路线图

技术路线图是企业为了实现其短期与长期的目标，将这些目标与特定的技术解决方案相匹配的计划。制订技术路线图的三个主要目的：它帮助企业就其需求和为满足这些需求所需的技术达成一致；它提供了预测技术发展的一种方法；它提供了帮助规划协调技术发展的框架。

技术路线图是一种开发、组织和呈现信息的方式，它说明了在特定的时间框架中必须达到的关键技术要求和性能目标。尽管企业的战略产品路线图概述了它的业务将如何产生收入，但技术战略或技术路线图则代表了实现这些能力，即为了实现其产品路线图中关键的产品属性，企业需要的投资或协调能力。

技术路线图汇集了一个专家团队，组织呈现关键技术规划的框架。这使得企业的管理层能够做出适当的技术投资决策，并善用这些投资。因此，技术路线图是一个由需求驱动的规划过程，旨在识别、选择和开发技术，满足一系列的产品需求。它解答了一个基本问题：企业为了实现其产品路线图，必须获得或开发什么技术，以及在什么时间点开发？

制订技术路线图首先需要企业明确其对需求的定义，即产品或产品的规格，以及这些产品所需的关键技术要求和技术目标的描述。下一步是明确技术领域：应该考察哪些可能提供解决方案的技术？对于每个选项，企业应该根据其技术指标或绩效目标制订一个时间表，预测技术如何推进。这非常类似于第四章中的图4.8的S形曲线。这些指标是衡量技术性能或能力变化的关键变量。

企业的技术路线图报告现已创建。在理想情况下，企业的技术路线图应该包括：

- 技术开发开始和完成的日期（可按技术的准备等级细分）。

- 替代技术的方案和决策点。

- 技术可以上市的开始和完成日期。

- 为达到产品路线图中关键的产品属性,具体的每个技术的性能规格或目标。

- 关键供应商或合作伙伴的技术路线图,假如其中的技术对于企业的技术发展和能力至关重要。

图7.18是某手机制造商的技术路线图（此图来自几年前,现已适当改编）。技术领域列在左侧,技术类型则列在图上。在绘制这个图表时,当时的"电池"技术是镍镉,随后是高出其三倍容量的镍氢电池。当时未明确的"替代技术"就是后来的锂离子。现在,除了这些之外,对于下一个技术的搜寻工作还在进行中。

产品推动力

技术要素	去年	现在	1年后	2年后	3年后	预算	进口	竞争地位
重量/大小								
ASIC界面		134芯片	ACA	集成呼叫信号处理器	单个基带芯片	软件无线电	ⓒF	ⓒF
数字信号处理器		256型号					ⓒF	ⓒF
音频解码器		CMOS					ⓒF	ⓒF
音频前端		双向立分器件					ⒸF	ⒸF
微控制器		8比特CISC	16比特CISC	微控制器			ⓒF	ⓒF
印刷线路板		6层1.5毫米	6层1毫米	4层0.8毫米花线	成型		ⓒF	ⓒF
外罩		1.7毫米厚	1.4毫米	1.2毫米				
通话时间								
电池		NiCd-4.8V		NiCd-3.6V	替代技术		ⓒF	ⓒF
电源		线性-50%的效率	交流电（80%的效率）	-100%的效率			ⓒF	ⓒF

图例　技术来源　　资金来源
开发　供应商　研发　已配备　计划的　未计划

图7.18：技术路线图是产品路线图的基础。该技术路线图（手机制造商）由关键的技术领域（左）组成,显示了关键技术（横跨）。该图还显示了客户/市场的重要性或优先级（右）。

231

将企业的产品创新战略投入实践

我们即将到达第三至第七章关于制订企业创新战略的尾声,包括明确企业的战略领域、制订进攻计划、战略组合管理(包括战略桶和战略路线图)。现在,我们回顾企业的产品创新战略和战略组合管理应该如何指导企业的发展。

构思:搜寻产品创意

产生绝佳的新产品创意(在图7.12创意发布系统中的"构思阶段")和制订产品创新和技术战略在很大程度上相互重叠。事实上,发展中的企业将大量的战略开发纳入其构思阶段:搜寻主要的新产品创意始于对市场(或企业的客户所处的行业)的战略分析,加上企业自身核心能力的评估。它的目标是:企业可以寻找市场中的缺口、新兴的领域、新技术、新的平台和未明确的需求来获取机会。

企业的产品创新战略有助于建立其构思阶段,例如,明确新的产品领域可为创意搜索工作提供指导。对于那些负责搜索新产品创意的人,在掌握了企业的目标领域后,可以清楚地了解应该在哪里展开工作：搜寻领域已经明确了。此外，正式搜寻项目，即寻找未满足的客户需求和进行客户需求研究，也变得可行。这包括启动基础科学研究、实施建议计划、销售团队计划和创新会议，以及图7.6中强调的所有其他产生新产品创意的方法。这样的方法使搜索创意工作变得更有效率，得到的产品创意也与企业的焦点一致。

案例：施华洛世奇，一家水晶和珠宝公司，建立了一流的创意搜集和处理系统，并将其作为企业的门径新产品系统的前端。企业的创意是从员工那里获得的。员工们很容易通过软件系统——i-Flash，提交他们的想法。这些想法会进入i-Lab——一个由八个人组成的创意支持、处理和管理小组。这些想法会在那里被筛选并具体化，接着准备好在入口1的位置向一个业务部门呈现。但是，对于整个创意生成和处理系统，它成功的关键是企业有一个制订好的创新战略，即企业希望在何处集中其新产品工作。在落实创意系统之前，企业必须首先明确战略搜索领域。三年来，通过i-Lab和i-Flash系统产生的好的创意已经超过了1300个。

更有效的项目选择

关于企业选择新产品项目，最重要的标准是该项目与企业的经营战略是否一致，项目是否支持企业的战略或对其十分重要。这是图7.13的记分卡中的第一个问题。事实上，这几乎是所有的项目选择模型中最重要的问题。然而，在很多时候，人们只能用茫然困惑的眼神或耸耸肩来回答这一问题。

明确界定企业的新产品领域是判断"战略一致性和重要性"的必要标准，所考虑的新产品提案是否符合其中指定的战略领域。战略桶可以指导企业选择项目，并在某些类型的项目上加以限制。最后，企业的战略产品路线图明确了战略项目的地标，还为选择具体的开发项目提供方向性的指导。这样做可以带来更高效的项目筛选和投资决策：宝贵的管理时间和资源不会浪费在一些不明智的新产品建议上。因为它们虽然有吸引力，却不符合企业的长期战略或方向。

人事和资源规划

新产品需要的资源，包括研发、生产、营销和运营，不能一夜之间就获得。企业没有明确的目标领域，就期望开发或投资技术，计划收购资源就像是要求一个被蒙上眼睛的人投掷飞镖一样难。

案例：对于Chempro，纸浆和造纸行业的通风设备被明确为一个最优先的领域。研发管理部门聘用了生物化学和废物处理领域的研究人员；工程部门引入了设计和应用通风设备领域的人才，并计划让销售团队加入通风设备的专家团队中。最后，企业在通风设备和生物氧化方面启动了几个小型的探索性技术和市场研究计划。

‖ 总结：战略路线图

有些人认为，战略路线图仅仅是传统的产品线规划，只是有更多的跨部门投入和更多的视觉和图表的输出，就像"新瓶装旧酒"。也有可能是这样的。但是，现今的路线图比以往的产品线规划要复杂得多。它涉及了许多来自不同职能部门的不同类型的人员——技术经理、产品经理、市场经理和其他人。他们可能会一起工作几天，商定一系列未来要推出的主要的新产品和技术计划。这样的讨论包括很多方面，如战略、市场、综合性的产品线分析、技术预测和客户需求。由此得到的成果也肯定比以前更加直观和图形化。这也使得该计划在企业内部的沟通更加有效。

本章为企业提供了从战略到战术的思考过程和工具：主要产品开发计划的时间顺序，即企业的战略产品路线图。企业在构建自己的路线图时，可以借鉴其中的许多案例。路线图从来不是固定不变或死板的，它是滚动和不断发展的。但是就像先前提到的艾森豪威尔的名言一样，发展项目的最终计划或路线图并不重要，真正重要的是过程本身——一个由精明的专家所组成的跨部门团队聚集到一起，考察许多事实和不同方面的因素，共同制订企业的路线图。这很像在作战室中，将军们一起制订作战计划。规划的过程十分重要，因此当事情发生改变或者新的机会出现时，企业将会有条不紊地抓住这一时机。

第八章

治理——使企业的产品创新战略奏效

Governance—
Making
Your Product Innovation Strategy
Work

如果管理是关于运营企业,那么治理就是让它正常运行。

——R.Tricker

治理和企业

到目前为止，我们已经讨论了战略的重要性，即当企业建立部署产品创新战略时，要始终留意其整体的作战计划。本章介绍怎样的公司治理结构是有效的，以及它对实施创新战略的影响。

对中层管理者来说，仅仅拥有积极有效的创新框架（门径系统和组合优先级）是不够的，该框架必须包含战略领域、战略路线图和战略桶，还要跨公司部门。只有当企业内部有一个有效的、贯穿整体的治理方案时，创新才能实现。

本章会介绍一些工具，它们可以帮助企业建立正式的框架，确保"创新文化"会彻彻底底地渗透到企业，从底层到高层。本章首先明确企业的治理如何应用于产品创新。

治理的概念源于对公司及其董事会的监督。多年以来，人们已经提出了许多治理模式，但近年来，企业想要寻求更好的治理方法的压力仍在不断增长。在20世纪90年代，机构股东积极主义明显增加。随着安然(Enron)和世通(WorldCom)等公司的崩溃，以及美国"萨班斯—奥克斯利法案"(Sarbanes-Oxley Act)的通过，公司治理的要求也进一步提高。最近，欧洲和北美金融业的困境也进一步强调了企业需要更严格的治理和监督。

因为企业越来越多地采用不同的治理模式,该术语变得越来越普及,也被应用于企业的一些特定方面。在职能层面,治理模式经常被应用于IT项目中,因为管理层要应对相互竞争资源和项目优先级的问题。

在过去的几年中,该术语被更广泛地用于产品创新方面,可以说治理是企业进行的最复杂的操作之一。事实上,用于公司治理中的许多经验和实践也适用于产品创新的范畴。在战略产品创新的背景下,治理是指公司实施战略、分配资源,以及在各个组织层面、跨部门领域和公司内各个业务领域做出决策的过程。

企业的治理方法需要改进吗

如果公司需要改进其在产品创新方面的治理方法,那么它肯定会有一些显而易见的、容易识别的问题存在。一般来说,早期的预警信号可能是缺乏一致性、不同部门之间缺乏合作和各小组和／或业务部门之间的竞争。其中最明显的一个迹象是,企业的研发项目或新产品工作的方向缺乏清晰度和透明度。企业治理不良的操作时,其他一些常见的预警信号摘要见图8.1。

1. 由于重复工作而带来的低效率。没有好的协调和认可,全球各地的项目和项目团队经常做类似的项目,或者更糟的是,没有意识到它们正在做同一个项目。创新渠道的监管有助于确保企业的不同团队（通常出于好的意图）不会重复做其他团队的工作。

2. 决策制订不明确，缺乏问责制。谁会负责一个项目以及如何获得批准不应该是一个猜测或者游说的结果。当有好的项目出现，企业应该设置一个明确的路径，确保它们可以及时得到批准。为了实现这一点，企业需要明确的问责制和规定，说明谁应该做出这些决定。

3. 没有做出正确的决策。企业通常没有足够的信息来做出有效的投资或过关／淘汰决策。一个常见的情况是，企业的开发管道包含了太多应该被淘汰的项目，并且缺少达成企业目标所需的项目类型。

4. 资源部署与企业的经营战略不完全一致。尽管企业的员工一直在努力地做着这些项目，但无法保证这些工作会推进企业向着战略方向前进。这可能是由于企业缺乏明确的指示和决策标准。

5. 对创新管道的价值感到失望。这方面一个常见的情况是，企业感到即使进行中的所有项目都完成，也不会达到预期的目标。创新管道中可能充满了耗时、价值低的项目。或者，更糟糕的是，没有对项目进行切合实际的估价。因此，企业对项目没有真正的控制权，也就没有给予优先级。

6. 业务部门没有遵循治理流程管理创新。这方面的问题是，每个业务部门都消耗研发资源或花费企业的研发预算，但没有采用适当的、标准的方法来选择资助的项目。或者，他们没有明确的创新战略。没有这方面的监管，业务部门很难让人相信它有能力按照其战略计划交付成果。

7. 决策不及时。企业的竞争对手似乎总是领先，相应地，企业的项目团队似乎总是在追赶。由于企业的创新战略管理不善，它无法合理地为其战略桶提供资金，反而正忙于应对销售团队的短期市场需求。因此，在渐进性的产品开发项目与长期的、更具战略性的重大项目之间，企业没有达到平衡。

8. 内部政治的作用太大。我们都曾经历过这点。在游说上所花的时间比实际上真正工作所花的时间更多。当企业没有明确规定的角色和任务，企业的员工会学着如何在这样的系统中完成工作。因此，他们将大量的时间花在游说上，来获得或保持他们的预算和人员。

9. 决策缺乏清晰度。没有人能够真正解释项目该如何获得批准或过去的项目是如何被批准的。好的项目被搁置，而其他的项目似乎都能够存活下去。

10. 对官僚系统的沮丧。企业的员工对官僚程度的抱怨通常是一个警告，即现有的政策和支持性的文件要求实际上产生了与企业预期相反的效果。过多的官僚机制很容易扼杀创新，特别是在大型的企业中。虽然企业需要一些政策和程序，但现今的企业都太瘦弱，无法支持不必要的工作。

```
1. 由于重复工作而带来的低效率
2. 决策制订不明确，缺乏问责制
3. 没有做出正确的决策
4. 资源部署与企业的经营战略不完全一致
5. 对创新管道的价值感到失望
6. 业务部门没有遵循治理流程管理创新
7. 决策不及时
8. 内部政治的作用太大
9. 决策缺乏清晰度
10. 对官僚系统的沮丧
```

图8.1：企业的治理方法可能需要改进的十点迹象。

影响采纳的障碍

管理人员通常明白企业需要并期望得到好的治理。可是,经常出现的情况是,企业内部的不同团队对公司治理的含义有着不同的理解。因此,企业要进行有效的治理,必须要克服一些障碍。这需要企业通过更好的沟通、更好的流程,以及更精简的决策方法来解决这些障碍。

感受到的繁文缛节:有些人认为增加治理只是增加官僚主义——增加了更多的管理控制,但没有明显的好处。事实上,在某些情况下,管理层采用了太多的监督和微观管理,这可能是事实。在企业中流传的一句话是:"……相比于要管理的资金的价值,我们花更多的时间和金钱来做决定……"

太多的文书工作:当企业想要制订一个完美的治理模式时,这样的愿望会为负责提供信息的人带来过多的文书工作。在这方面,一个常见的抱怨是治理过程的要求让人们淹没在更新报告中。这个过程过于频繁地提出过多的要求。"我们的公司是通过数据授权的",一个沮丧的业务部门经理说道,"我要花更多的时间回复总公司要求的数据,而不是做我该做的工作。"

缺乏灵活性和速度：世界正在快速发展，企业也必须同样快速地采取行动。然而，企业的治理可能会过于死板，缺乏灵活性。在这方面，企业要寻求能够及时做出改变并制订决策的机制。现今，企业的计划不是固定不变的，需要迅速做出反应。这里的诀窍是，企业要在对这种速度的需求和有效的监管中寻求平衡点。

失去控制：增加治理可能被理解为某些人失去了控制权。所有的企业里都有权力斗争，不同的团队都要努力维持或提高其地位。在治理方面，一个共同关心的问题是如何实现业务部门与公司层面需求之间的权力平衡和监管。

这里不需要：在某些企业中，当员工们为自己完成的工作感到自豪，并反对企业更多的监管时，他们通常会说"这里不需要"。在其他公司，随着规模的增长，员工们倾向于抵制公司采用更复杂的管理方法。

谁应该参与产品创新治理

回顾第一章中的图1.4，战略从顶部开始向下流动。产品创新战略来自组织的经营战略（或者是它的一部分），并反过来推动项目组合（项目选择）和开发管道的进展。

然而，这一流动也应该向上进行，因为每一层都建立在由较低层的工作所提供的信息上。这意味着公司中的每个决策层都有不同的治理要求。一个治理机构不应该管理企业里的所有部门。例如，高级执行官的时间应该更好地用于确定和实施创新战略，而不是微观地管理单个新产品项目。

创新金字塔（见图8.2）显示了需要治理的各种管理流程。对于创新金字塔的各个部分，典型的治理组成部分包括：

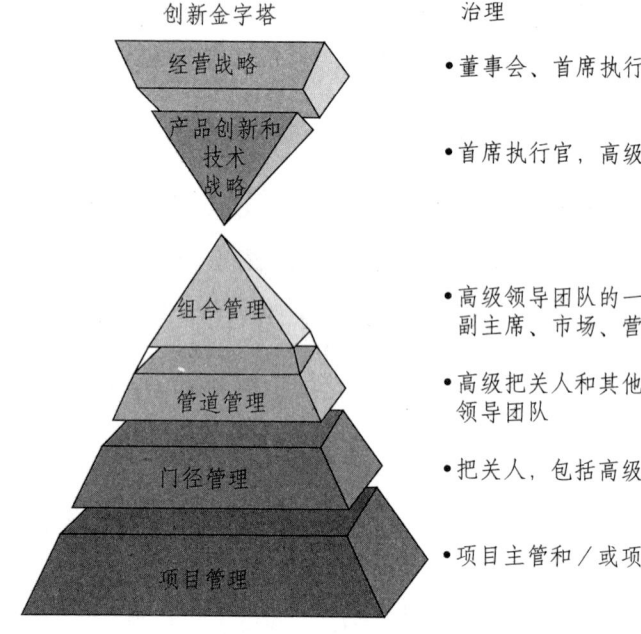

创新金字塔	治理
经营战略	• 董事会、首席执行官和高级领导团队
产品创新和技术战略	• 首席执行官，高级领导团队或公司领导团队
组合管理	• 高级领导团队的一部分（例如首席技术官、副主席、市场、营销、业务开发部门的负责人）
管道管理	• 高级把关人和其他业务部分的主要成员或部门领导团队
门径管理	• 把关人，包括高级和初级的把关人
项目管理	• 项目主管和/或项目管理办公室

图8.2：创新金字塔的每个部分都有治理的要求。

- 经营战略：企业的经营战略明确企业的目标和总体战略方向。这个战略可以在企业层面，也可以针对各个业务部门（每个业务部门都有自己的目标、目的和战略方向，这些都与整体企业战略一致）。董事会、首席执行官和高级领导团队负责制订和批准公司的总体战略，包括设定产品创新的战略方向和目标。业务部门的领导团队负责制订业务部门层面的战略，包括确定产品创新发挥的作用，实现企业的目标和目的。

● 产品创新战略：企业的产品创新和技术战略确定了目标和创新的战略领域。企业（或者在有不同业务部门的大型公司里，为特定的不同部门）也可以制订该创新战略的一个高层次版本。首席执行官和高级领导团队负责制订、批准和推动产品创新战略，支持其经营战略。这个战略的制订往往是由企业的首席技术官或研发副总裁带领。企业还应为各个业务部门制订更具体、可操作的产品创新战略。

● 组合管理：组合管理通过制订产品创新的战略投资决策（例如，决定战略桶或制订战略产品路线图）落实产品创新和技术战略。对于大多数公司，组合管理发生在业务部门层面（尽管一些公司也将组合管理提升到部门层面，甚至公司层面）。在业务部门，负责组合管理的人员由业务领导团队的一部分组成，例如技术、营销、销售和业务发展的负责人，以及业务部门本身的负责人。这样的团队可以确保组合的战略方向支持企业的产品创新战略，支出分配或在各个领域的投资也与战略的意图和方向一致。对于公司（或部门）层面，负责组合管理的人员通常包括公司的首席技术官或研发副总裁、首席营销官、业务发展部门主管和各个业务部门的主管。

● 管道组合：管道组合管理（在图6.4中简称为战术组合管理）将各个发展项目按优先级排序并战术性地将资源（包括人员和资金）分配到这些项目。业务部门领导团队的成员负责监管项目的管道。该组合审查小组会定期召开会议，回顾整个项目组合，查看项目的优先顺序、项目的组合和均衡以及资源分配的适当性，确保资源到位，项目可以及时完成。

- 门径流程：门径流程引导指挥各个开发项目从创意到发布的工作，包括对特定项目做出批准（过关／淘汰）的决定和资源投入的决策。这个治理小组称为"把关人"。项目要进入下一阶段需要一定的资源，而每个入口的把关人是这些资源的所有者。

  一般来说，高级把关人在主要的投资入口处（见图7.12的入口3、入口4和入口5）为重大的项目做出决定。他们通常是企业的领导团队。下一级的经理通常是更早的入口的把关人（见图7.12中投入较小的入口1和入口2），或者位于所有风险较小或较低成本项目的入口。

- 项目管理：项目管理监督个别项目的预算和各个重要阶段。开发项目由指定的项目负责人领导，他们通常承担项目负责人和项目经理的双重角色。通常，项目负责人被视为项目的创业主管，领导自己的项目团队，制订项目目标、提案和计划，寻求管理层的支持等，类似于小企业初始阶段的领导者。相比之下，项目经理更像是一个"踏踏实实"的行政经理，负责时间表、预算、安排团队会议、文档等。在一些公司，对于大型的开发项目，有分别的团队负责人和项目经理，后者经常来自项目管理办公室。

治理什么，为什么要治理，治理谁

一般来说，制订治理模型是为了确保产品创新的各个方面得到适当的监管，以确保实现企业的战略和目标。第一步是确定企业的创新金字塔应该是什么样子。大多数公司采用的模式与图8.2中显示的"创新金字塔"非常相似。

一旦企业确定金字塔框架中的各个层次，下一步就是商定一系列的决策，而每个层次都要反过来为这些决策负责。例如，在门径层次，把关人有责任批准项目并投入适当的资源，将它们推进到开发过程的下一阶段。

角色和责任必须明确和商定。每个治理层的参与者都必须了解他们的角色和责任，以及他们特定的治理范围。每个治理层必须与上下层的治理者沟通，确保良好的连续性，没有重叠的权力或重复的工作。从企业内部的清晰度而言，明确的方向和明白每个步骤所管理的范围是十分重要的。

一般来说，为确保及时和有效的监管，大多数的治理团队会商定一个时间表或会议的安排，确保及时履行职责。例如，负责战略组合管理的小组也许定期举行会议，可能每两到四个月召开一次会议，回顾资源的组合和分配，进行任何需要的变更，并为下一季度的支出和项目批准提出建议。

战略和目标

确定的流程

政策的要求

组织的框架

角色和责任

行为上的期望

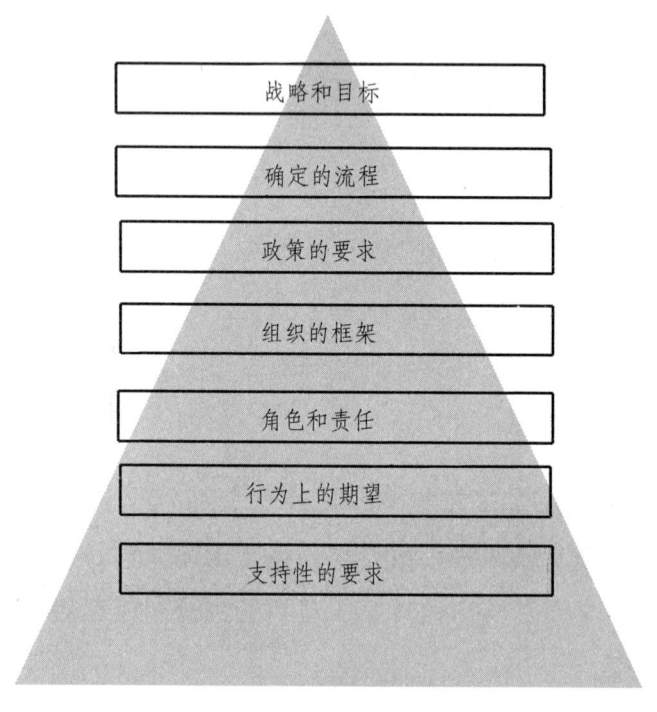

支持性的要求

图8.3：高层次治理模式的组成部分。

一些企业还努力地明确每个团队在行为上的期望。事实上，对于更高层次的管理层来说，在治理会议上搜寻正确的行为往往是一个挑战。例如，企业的领导团队已经有了一套有效地运营企业的工作风格和文化，而且，可能不是所有人都能接受一套为了创新治理而设定的新的规则。相反的，管理层最好应该尝试利用现有的规则，努力确保成员们了解它的作用是什么以及它将会如何影响企业。然而，随着企业的层级下降，明确的参与规则和对行为的明确期望会更常见。例如，项目负责人和项目监督的角色和责任有非常明确的定义，甚至有关于有效的项目领导者的描述。此外，许多公司给把关人设定非常明确的"参与规则"，确保这些会议可以有效运行。

实施创新治理的最后一个方面是监管，即确保治理过程在企业中有效地发挥作用。在这方面，企业需要高级的执行人员来负责。他有明确的责任，可使治理过程发挥效用。如果没有人负责这个过程，那么它很有可能变得非常无序，在企业中也无法发挥作用。

案例：康宁是一家有50亿美元销售额的公司，也是全球特殊玻璃和陶瓷领域的领导者，在成功的产品创新方面拥有悠久的历史。为了推动持续创新，企业的创新管道由两个关键的创新委员会管理（见图8.4）。

1. 企业技术委员会：为了早期阶段的机遇和研究计划。
2. 增长和战略委员会：为了后期项目的成长并生成产品线或新的业务。

企业创新组合

企业技术委员会	增长和战略委员会
长期增长	中期增长
阶段I–II	阶段II–IV
确定、估计、发展	分类、调整、执行
技术/机会的焦点	商业化的焦点
技术、研发和NBD部门的负责人	首席执行官、首席运营官、首席技术官及其员工

技术和战略更新会向董事会报告

图8.4：康宁使用两种类型的创新管道治理组管理长期和中期的成长。

这些委员会由公司的负责人主持，每月举行一次会议，回顾项目，评估企业的创新优先事项。研发部门和新业务发展部门的负责人同时隶属于两个委员会，保证决策的连续性。

第三个治理机构是董事会。大约从五年前开始，企业定期举行简报会，向董事会提供最新资料。起初，这些会议是自发的，但它们被发现非常有效，所以，所有的董事会成员都开始参加"技术与董事会"会议，这也成为董事会会议结构的一部分。

康宁还采用了他们所谓的"企业创新流程组"，负责监督整个企业的门径和其他创新流程的部署和应用。他们的任务是推动持续的流程改进。每个部门负责管理自己的项目管道。

在设计并落实企业的治理模型和使用方法时，企业要注意常见的最佳实践的要旨。首先，每个企业的需求是不同的。因此，像大多数的商业模式一样，一种方法不一定适用于所有的企业。企业需要调整创新治理的模式，使其符合自身的需求和文化，适应企业的规模。第二，企业的治理模式应该反映出它的组织结构和设计，特别是其全球的结构。它还应在业务部门的需求（自主和控制）与公司总部（控制和信息）的需求之间达到良好的平衡。接下来，所有的关键决策者都必须参与到治理模式中。这包括企业的领导团队以及来自所有地区、业务部门和关键职能领域的领导团队。然后，治理模型必须是清楚可见的：只有当模型吸引人并且被广泛地认知和理解时，该模型才是好的。最后，在如今快速变化的商业环境中，企业的治理模式必须灵活、适应性强，可以适应不断变化的企业外部和内部的环境。

总结

我们即将结束讨论如何制订产品创新战略……或者现在可能是你和你的企业的初始阶段。你已经看到了产品创新战略的重要性，以及这种战略对业绩的重要的积极影响。在第二章至第七章中，我们详细讨论了企业该如何制订产品创新战略。本章讨论了在确保战略的各个组成部分共同发挥作用方面，企业的治理可以发挥重要的作用。

我们可以跟着图3.3中的流程和思维过程。该路径从企业的目标和目的（第二章）开始，转向资源部署决策，即战略桶和战略路线图（第六和第七章）。它的末尾是建立一个治理结构，促进企业的成功创新。

如果你认为你的企业缺乏清晰的创新战略，也许现在是时候为其奠定一个基础。你可能在这两点上都是正确的。对于一段长的旅程，第一步是最长的一步。第一步行动是获得企业中其他人的支持——将你的同事"卖"给对创新战略的需求，并且确实有经过验证的、制订有效战略的方法。让他们读这本书将是一个开始。第二步是组建一个负责制订创新战略的任务组。第三步是……好，你明白要点了……所以继续前进吧。